DE L'ENFER À LA LUMIÈRE

JEAN-BAPTISTE ALAIZE

Avec la collaboration d'Adeline Fleury

DE L'ENFER À LA LUMIÈRE

TÉMOIGNAGE
Michel Lafon

Ce livre est imprimé en France par
un imprimeur soucieux de préserver l'environnement
à travers des actions d'économies d'énergie, de valorisation
des déchets, d'utilisation de produits moins nocifs
pour la santé des travailleurs.

118, avenue Achille-Peretti – CS 70024
92521 Neuilly-sur-Seine Cedex
www.michel-lafon.com

À mes parents biologiques,
mes bonnes étoiles.

Prologue

La lumière inonde déjà la pièce. Je suis bien. Allongé sur mon lit, les muscles chauffés par le soleil. Mon corps va encore être mis à rude épreuve aujourd'hui. Je ne le ménage pas, je l'éprouve, depuis toujours. J'étire mes muscles, je les frotte pour les éveiller, je me masse les cuisses, le mollet gauche, je pose la main sur mes abdominaux, je prends une grande inspiration, j'expire. Je sens le souffle encore chaud de la nuit sur mon torse. Je descends la main sur le haut de ma cuisse droite, jusqu'au genou, je caresse l'arrondi de mon moignon. Je me mets en mouvement.

Il est temps que je m'appareille. Ma jambe n'est jamais loin. Elle est là, au pied du lit. Elle dort déconnectée de mon corps, mais elle me suit partout. Elle ne m'a jamais abandonné. Elle m'a prouvé que je peux lui faire confiance, en toute occasion. Ma jambe bionique. Ma prothèse c'est un morceau de moi, ce n'est pas un corps étranger finalement. Je ne peux démarrer ma journée sans elle. Je la raccorde au reste de mon corps. Je l'ajuste à ma cuisse, l'emboîte sur le moignon. Des années que je fais ce geste tous les matins. C'est un rituel nécessaire. J'ai grandi avec ce prolongement de moi.

Je m'assieds au bord du lit. Mon téléphone vibre. Il est huit heures ici à Miami, six heures de plus en France. C'est ma mère. Je lui écris que tout va bien. J'ai passé les fêtes de fin d'année loin d'elle, loin de papa aussi. Je me suis baigné à Noël, c'est un magnifique cadeau. La mer était chaude, turquoise. Un vrai délice.

Mes parents me manquent. Ils vont bien. Je suis rassuré. Je suis à des milliers de kilomètres d'eux mais je prends de leurs nouvelles, plusieurs fois par semaine. Avec ce fichu virus, je suis quand même inquiet. Pourtant j'en ai vu d'autres, eux aussi. Papa est maintenant en fauteuil roulant. C'est un survivant, lui aussi. Accident de la route, deux jambes en moins, 113 opérations en vingt-cinq ans, jamais une plainte. Ça pose son homme. Mon père, ce héros, ça fait un peu cliché, mais moi je n'ai pas mieux comme formule.

Maman va bien, papa va bien. Je suis loin d'eux, mais je ne suis pas un mauvais fils. Je sais ce que je leur dois. Je leur dois tout. Ou presque. Si je suis ici aujourd'hui dans cet appartement dans le centre de Miami, ils y sont pour quelque chose, si je suis loin d'eux de l'autre côté de l'Atlantique, c'est parce qu'ils m'ont sauvé il y a des années d'un destin où tout était perdu d'avance. Je n'oublierai jamais.

Je suis né au Burundi. Une partie de ma famille a été massacrée. Je n'oublierai jamais. Ma mère a été décapitée sous mes yeux. Je n'oublierai jamais. Qui peut oublier pareilles atrocités ? Les coups de machette, l'acharnement, les cris, la folie des regards. Ma mère allongée dans une mare de sang. Comment oublier ? J'ai perdu maman, j'ai perdu mon tibia, sous les coups de machette. Grandir au Burundi avec une jambe en moins était une condamnation à une vie miséreuse. Un enfant handicapé au Burundi, l'un des pays les plus pauvres de la planète, c'est une double peine. Je sais que je n'aurais pas survécu.

Je porte sur mon corps des cicatrices qui racontent mon histoire. Tous les matins je me regarde dans le miroir. J'affronte mon passé, je ne renie rien. J'ai reçu quatre coups de lame sur le côté droit, j'en porte les stigmates sur la nuque, le flanc, l'avant-bras, sous le genou. Des traces creusées dans ma chair qui ne me font plus vraiment souffrir physiquement mais qui me rappellent au quotidien d'où je viens.

Mes cicatrices me procurent une force incroyable, je suis fier de les montrer, c'est une façon de témoigner. Je ne les dissimule plus, tout comme ma prothèse. Je me regarde dans le miroir, et je vois un corps supplicié mais pas un corps handicapé. Mon corps ne m'empêche pas de m'épanouir, de m'accomplir. Mon corps a fait de moi un champion. Mon palmarès l'atteste. Plusieurs fois médaillé au sprint, sur 100 et 200 mètres. Quadruple champion du monde junior de saut en longueur. Recordman du monde des moins de vingt-trois ans entre 2007 et 2010. Médaillé de bronze aux championnats du monde en 2017 et d'Europe en 2018. Représentant de la France aux Jeux paralympiques de Londres en 2012 et de Rio en 2016, où j'ai échoué au pied du podium. Mon corps n'est donc pas un handicap. Bien au contraire. Je suis de la race des gagnants. Cependant mon but dans la vie n'est pas de gagner pour gagner, mais bien de témoigner, devenir un ambassadeur, porter un message d'espoir. Car on peut vivre l'enfer, sans pour autant être privé de lumière. Ceci est mon histoire, une histoire de rédemption par le sport, et aussi une histoire de rédemption par l'amour, celui que me portent mes parents adoptifs, Danielle et Robert Alaize, ils sont tout autant que moi les héros de ce livre. Des héros du quotidien.

Première partie

SOUFFRIR

– 1 –

Je suis né à Muyinga, une petite ville au nord-est du Burundi, non loin de la frontière avec la Tanzanie. Je me souviens de la nature incroyablement verte et luxuriante, des plantations de bananes, des collines autour, des nuages blancs qui s'y accrochaient parfois, des odeurs de terre rouge et de citronnelle, de la saveur des mangues juteuses, des piqûres de moustiques, des ravages des termites. Il y avait des animaux partout, des vaches, des chèvres, des poules, des singes aussi, et plus loin, dans la forêt, grognaient des gorilles. Gare aux gorilles répétaient les adultes pour nous dissuader de nous éloigner un peu trop des habitations. Il y avait de tout dans le voisinage, des cases, construites avec de la boue séchée, des maisons en briques, pour ceux qui avaient plus d'argent. C'était le cas de notre famille. Mon père faisait partie des chefs de l'armée du Burundi, il avait quelques privilèges, comme celui de se déplacer en voiture. Il était souvent absent de la maison. Avec papa, nous étions huit à la maison. J'étais tout le temps collé à ma mère. Mes frères et sœurs allaient à l'école à pied tandis que j'accompagnais maman puiser de l'eau à la rivière, j'ai l'impression que nous marchions longtemps, mais cela ne me fatiguait pas, tant que j'étais avec maman. Nous ne manquions de rien. Je jouais, je mangeais à ma faim, je recevais beaucoup d'amour. Nous vivions loin des problèmes de la ville, préservés dans notre petit paradis. Loin des haines intestines et de la violence qui gangrenaient peu à peu la région. Nous n'avions ni télé, ni radio, ni journaux. Et puis les rumeurs de tueries étaient trop insensées pour y croire. Longtemps après, j'ai su qu'il y avait eu un coup d'État, contre Melchior Ndadaye le président hutu, que les militaires tutsis et les rebelles hutus s'affrontaient, que dès le 21 octobre 1993, des exactions avaient été commises dans les rues de la capitale économique Bujumbura par les miliciens du Frodebu (futur CNDD-FDD aujourd'hui au pouvoir) puis dans tout le pays. Le mot d'ordre était donné : il fallait exterminer les Tutsis. Les mères, les enfants, tous ceux qui portaient la vie. Il s'agissait d'éradiquer une ethnie. Un génocide. Je n'ai pas eu le temps de sentir la peur monter, d'accueillir la guerre dans mon existence, elle s'est imposée à moi de manière brutale, sans crier gare.

À moi, Mugisha (comme je m'appelais au Burundi), rien ne pouvait arriver. Moi, « l'enfant de la chance », j'étais né sous une bonne étoile. Et à trois ans, on croit encore aux bonnes étoiles. À trois ans, on fait de beaux rêves. Les cauchemars ne vous assaillent pas encore.

Ce que j'ai vécu ce 24 octobre 1993, j'aurais préféré que cela soit un cauchemar et, qu'une fois éveillé, ma maman vienne me serrer dans ses bras pour me réconforter. Que mes sœurs dansent et chantent dans la chambre, que mon frère fasse des acrobaties pour me divertir. Puis que l'on sorte tous ensemble devant la maison assister au lever du soleil derrière les montagnes, enchantés par la douce musique des oiseaux qui peuplent nos collines par milliers.

Cette fin d'après-midi, ce fut d'abord le silence. Un silence inquiétant, jamais je n'avais entendu pareil silence. Les oiseaux s'étaient tus brutalement, les animaux, paniqués, commençaient à fuir. Puis ce fut une clameur venant des pistes à l'extérieur du village, des cris, des chants. Je ne savais pas si c'était une clameur joyeuse ou menaçante. Je jouais devant la maison avec mes frères et sœurs. Je n'avais pas peur. J'ai vu les armes, j'ai vu les machettes. J'ai entendu : « Vous allez tous mourir ! » Je me demandais si tout cela n'était pas le fruit de mon imagination. La horde est passée devant la maison. Ils avaient l'air de fous. Faisaient-ils la fête ? S'agissait-il d'une simple manifestation ? Nous n'en savions rien. Maman nous a fait rentrer dans la maison. La situation s'était calmée. Tout allait rentrer dans l'ordre, c'était certain. Nous allions reprendre notre doux quotidien. Mes sœurs allaient aider maman à préparer le repas. Nous allions rire, chanter, passer une soirée joyeuse et chaleureuse de plus. J'ai ouvert la fenêtre, je me suis posé là, comme j'avais l'habitude de le faire, la tête appuyée sur ma main.

Des hurlements m'ont sorti de ma douce rêverie. Des cris horribles, je n'avais encore jamais entendu pareils sons sortir de bouches humaines. J'apercevais des flammes, des corps en sortir en feu. Des femmes et des enfants couraient, couverts de sang, poursuivis par des hommes ivres de rage. Avec leurs machettes, ils frappaient tout ce qui bougeait. Effrayé, je me suis blotti contre ma mère, je ne savais plus où était le reste de la famille. Des voisins hutus sont entrés brutalement chez nous. Des voisins avec lesquels on avait partagé des repas encore quelques jours avant. Les hommes chantaient, leurs yeux révulsés par la haine. Ils étaient comme possédés. La démence s'était emparée d'eux. Les maisons brûlaient, le feu se rapprochait de nous, maman m'a pris par la main. Il fallait fuir. Dehors, il faisait nuit noire. Je distinguais au travers des flammes des silhouettes qui s'échappaient. Nous avons enjambé des cadavres, j'ai vu des femmes enceintes éventrées par des hommes qui ne cessaient de rire. Je ne reconnaissais personne, impossible de distinguer les Tutsis des Hutus, impossible de démêler le bien du mal. Il ne s'agissait pas d'un jeu. Cette fois, il y avait bien des bons et des méchants, et maman et moi nous étions la cible des méchants. Nous avons couru à peine quarante mètres. Cinq hommes nous ont encerclés. Deux d'entre eux m'ont attrapé et m'ont obligé à lâcher la main de ma mère. Ils ont mis maman à terre, à quatre pattes. Ils me forçaient à regarder. J'ai entendu maman crier mon prénom, « Mugisha, Mugisha, Mugisha », puis j'ai vu la machette s'abattre sur son cou. Sa tête a roulé par terre. Ils m'ont relâché. J'ai foncé sur son corps, sans tête, sans vie, je me suis mis sur elle pour la protéger. C'était trop tard, mais je voulais la défendre. Je voulais défendre ma mère, comme un petit guerrier. J'essayais de la défendre avec mes petits bras. Ils se sont alors acharnés sur moi, à coups de machette dans le dos. Je ne me souviens pas de la douleur, j'étais comme anesthésié par l'effroi. Je n'étais encore qu'un petit garçon de trois ans, un bébé en somme. Ils ont continué à me taper, et je n'arrivais pas à me décoller de ma mère. Je ne voulais pas partir sans elle. Je pleurais sur son corps. Ensuite, j'ai fait le mort. Je ne sais pas combien de temps je suis resté comme ça, immobile sur le cadavre de ma mère qui se vidait de son sang. J'ai dû perdre connaissance, puis j'ai été réveillé par un coup porté derrière ma nuque. Un bourdonnement dans mon oreille m'empêchait d'entendre les cris des autres victimes autour. Je me suis redressé, il y avait du sang partout, une rivière de sang mêlé, le mien, celui de maman, d'autres personnes. J'ai essayé de m'enfuir, mais je ne sentais plus ma jambe, je n'arrivais pas à la traîner. Alors, je me suis allongé à côté de maman. Je voyais encore les massacres. Les bourreaux hallucinés, les victimes sidérées, la peur partout. Aussi, j'ai fermé les yeux. J'étais contre le corps de maman. J'ai vu le tunnel, et au bout le soleil. C'était le sourire de maman. J'étais prêt à partir avec elle.

*

Je ne connais pas la différence entre un Hutu et un Tutsi, je ne connais que les clichés qui circulent à ce propos. Physiquement, les Hutus et les Tutsis seraient différents, on dit les Tutsis grands et fins alors que les Hutus seraient petits et trapus, des caractéristiques physiques qui seraient dues au fait que les premiers sont des cultivateurs et les seconds, des éleveurs. Moi, je suis un Tutsi, je suis grand et fin, mais je n'ai pas le souvenir que mes voisins hutus aient été plus trapus que moi, ou pire qu'ils aient eu de gros nez, comme on le prétendait au pays. Certes, j'étais trop petit pour m'en souvenir, mais plus tard, arrivé en France, j'ai été élevé avec un garçon hutu, mon frère adoptif. En effet, mes parents français ont adopté avant moi un petit Rwandais, qu'ils ont baptisé Julien. Le hasard de la vie a fait qu'il est Hutu et moi, Tutsi. Nous n'avons jamais remarqué la moindre différence entre nous, nos parents non plus. Des écarts de tempérament, c'est certain, mais ce n'est absolument pas lié à nos origines ethniques. Je suis remuant, j'aime bien être dans la lumière ; Julien est calme, réservé, tout en discrétion. Julien et moi sommes pourtant des frères. Si on se battait, enfants, c'était comme des frangins. Quand Julien m'enfermait dans le placard, me mettait un foulard dans la bouche, ce n'était pas parce que j'étais tutsi, mais parce qu'il était un peu jaloux de l'attention que notre mère adoptive pouvait me porter, parce que j'étais le dernier arrivé, et que j'avais une jambe en moins. J'ai su plus tard qu'à mon arrivée mon handicap l'avait perturbé. « Maman, pourquoi je n'ai pas un petit frère entier ? » avait-il demandé à Danielle. Je peux comprendre cette interrogation, je ne sais pas comment j'aurais réagi à sa place.

Lui aussi avait connu la guerre, la violence, mais nous n'en parlions jamais, comme par une entente tacite, un pacte de non-agression. Sa famille n'est pas responsable du massacre de la mienne. C'est la folie humaine qui l'est, la barbarie qui ensanglante la région des Grands Lacs africains depuis des décennies.

Nos deux histoires se sont rencontrées dans une famille de la Drôme, à des milliers de kilomètres de nos pays d'origine voisins. Le génocide des Tutsis a ravagé le Rwanda quelques mois après celui du Burundi. Julien est arrivé dès 1994 chez les Alaize, quelques semaines avant le début des massacres, mais la situation était déjà tendue lorsque Robert et Danielle étaient partis le chercher. Ils avaient pris des risques pour lui, tout comme Robert l'a fait pour moi quelques années plus tard. Je ne connais pas bien l'histoire de Julien, si je n'ai aucun problème à confier la mienne, la parole de mon frère est bloquée. Je sais désormais qu'il a encore deux frères et trois sœurs au Rwanda. En 2007, nous avons fait le voyage au Rwanda avec notre mère adoptive. Je garde très peu d'images de ce périple, alors que c'était la première fois que je remettais les pieds sur le sol africain. Je me souviens juste du vent chaud et humide à l'aéroport de Kigali, des odeurs d'eucalyptus et d'acacias du village d'origine de Julien, niché dans la montagne, proches des sensations de ma prime enfance. Danielle m'avait proposé de profiter du voyage pour aller sur les traces de mes origines au Burundi voisin, je n'étais pas encore prêt. Je voulais revenir au pays après avoir accompli de grandes choses. C'était encore trop tôt.

Alors que j'étais prompt à confier à Julien toute mon histoire, durant ce voyage, il était une fois encore demeuré très secret. S'il renouait peu à peu avec ses racines, il n'a jamais éprouvé le besoin de se raconter. Si nous avons vécu des traumatismes similaires, aucun de nous n'a laissé la violence prendre le dessus dans sa vie. Nous sommes deux rescapés de la haine de deux peuples qui se ressemblent. Le sang de l'Afrique en souffrance coule dans nos veines mais l'amour de nos parents adoptifs a su apaiser nos démons. Nous sommes deux petits Alaize, nous sommes deux frères de cœur.

Julien est venu me voir aux Jeux paralympiques de Rio en 2016, après les épreuves nous avons pris quelques jours de vacances brésiliennes.

Nous marchions dans les rues de Rio de Janeiro, parlant peu, Julien s'est arrêté et m'a dit : « Je t'aime beaucoup, frérot… » Sans effusions, je lui ai répondu simplement : « On ira chercher les plus belles médailles de la paix, toi et moi… »

– 2 –

Un goût de sang dans la salive. Mes petits membres ankylosés. La lumière criarde d'un groupe électrogène. Je m'étais réveillé en sursaut. J'étais sorti du tunnel, je n'y avais pas retrouvé maman. J'avais envie de crier, de l'appeler, aucun son ne sortait de ma bouche, mes cris demeuraient muets, étouffés, coincés au fond de ma gorge. J'avais du mal à déglutir. Une boule me compressait la poitrine. J'avais tendu mon bras sur le matelas, je cherchais la main de maman. Je voulais que maman promène ses doigts sur ma peau, comme elle le faisait pour apaiser mes chagrins ou m'endormir. Il n'y avait personne pour me câliner, pour me serrer. J'étais comme dans une bulle, j'avais du mal à percevoir les bruits autour, les voix. Mon oreille droite était totalement bouchée. Je voyais des gens en blouse blanche s'affairer autour de moi, des vieillards hagards, des femmes en pleurs, des enfants avec des membres en moins. Je voulais retourner dans le tunnel, je voulais retourner dans la lumière douce du tunnel qui devait me mener au sourire de ma mère.

Dans cet hôpital tout était gris et laid. J'ai commencé à toucher mon corps, ma tête, mes bras, j'avais des bandages partout. Je m'agitais, paniqué. Je me suis redressé, j'ai essayé de me lever, je n'avais aucune sensation dans tout le côté droit. Je n'avais plus aucun équilibre. J'ai baissé le regard sur ma cuisse, ma jambe n'était plus là. J'ai cru avoir une hallucination à cause de la fièvre. Ce n'était pas possible, ma jambe et mon pied avaient disparu. J'étais en colère, on m'avait volé ma jambe. Je me suis mis à crier. Une infirmière s'est penchée sur moi pour me contenir.

– Calme-toi, petit, tout va bien. Ne bouge pas sinon tu vas arracher tes perfusions…

– Ma jambe ! Ma jambe ! Rendez-moi ma jambe !

– Chut, le médecin va venir.

Un homme, très grand, s'est approché de moi, il s'est assis sur le bord de mon lit de fortune.

– Ta jambe a été tellement abîmée que nous avons dû la couper.

– Je veux ma jambe, je veux ma jambe ! Je veux la voir !

– Ce n'est pas possible, nous l'avons jetée à la poubelle.

À la poubelle ? Comment peut-on jeter une jambe à la poubelle ? J'ai pleuré longtemps. J'aurais voulu garder ma jambe en souvenir, parce qu'elle me reliait à la vie d'avant le massacre, à ma mère que je ne reverrais plus jamais.

– Tu as passé plusieurs jours dans le coma. Tu as perdu beaucoup de sang. Il faut rester bien sage ici encore pendant quelque temps. Ton papa va venir te chercher, ne t'inquiète pas.

J'ai regardé autour de moi et vu des seringues rouillées, des poches de sang. Une odeur d'urine et de sueur emplissait mes narines, j'ai eu la nausée. L'enfer, c'était donc cela l'enfer. Je ne voulais pas vivre dans cet enfer. Il fallait que je retourne dans le tunnel. Je devais sortir de ce cauchemar, retourner au village, courir au bord de la rivière, jouer avec les *geckos* qui se glissaient dans la cuisine, me faire peur en débusquant les serpents verts dans les fourrés aux abords des chemins de terre rouge.

J'ai fermé les yeux. Mon corps dans cette salle d'hôpital à l'hygiène douteuse, mon âme errant quelque part entre le tunnel lumineux et le souvenir des jours heureux. Les râles d'un blessé à côté de moi m'empêchaient de dormir. Les flashes de la nuit du massacre me hantaient. Je revoyais en accéléré la scène de décapitation de maman, les yeux pleins de folie et de rage des hommes, leurs rires effrayants, leur danse macabre autour de leurs victimes. Le feu. Le feu partout. À quoi bon vivre avec une jambe en moins dans un pays où la guerre faisait rage ? Le sommeil s'était enfin emparé de moi avec cette idée que peut-être je retrouverais maman au paradis.

« Mugisha, Mugisha, Mugisha… »

La voix douce et mélodieuse de maman.

« Mugisha, Mugisha, Mugisha… »

La voix plaintive et suppliante de maman.

Mon sommeil, entrecoupé de plusieurs réveils douloureux, était très agité durant mon séjour à l'hôpital. Je ne sais pas combien de jours je suis resté là-bas. J'avais perdu la notion du temps, le goût de la vie, j'évoluais dans un état léthargique, secoué de tremblements, de grondements répétitifs dans ma tête, des bruits de la machette qui s'abat sur la chair.

J'ignorais comment je m'étais retrouvé à l'hôpital. J'avais des images confuses, je ne savais pas démêler la réalité de mes rêves, tout se mélangeait. Les pleurs d'une femme, sa course éperdue avec moi dans ses bras, des voix d'hommes habillés en militaire, le visage de mon père au-dessus de mon visage, la douleur atroce dans ma jambe. Difficile de retracer le fil des événements après la mort de maman, ma mémoire était fragmentée, peuplée de visions obsédantes.

« Mugisha, Mugisha, Mugisha… »

Cette fois, il ne s'agissait plus de la voix de maman, mais bien de celle d'une vieille femme, paniquée, le souffle court. Une course folle dans la forêt, des rugissements. Du sang partout, des mares de sang. La vieille est épuisée, elle répète mon prénom, en pleurant cette fois. Je ne savais pas qui était cette vieille femme. Et puis le lion, le lion derrière. Le lion qui courait sur la piste rouge, le lion avec les pattes ensanglantées. Le lion prêt à bondir sur elle, et nous engloutir. Rêve et réalité se mêlaient pour me terrasser.

*

J'ouvre mon dressing. Les hommes d'affaires en sortent des costards et des chemises blanches, moi j'ai mes tenues de sport et mes prothèses. J'en ai huit en tout, ce n'est pas par coquetterie, même si j'adore être bien habillé. Mes prothèses sont adaptées à chacune de mes activités. Deux prothèses de marche, celles qui m'accompagnent au quotidien, une pour aller à la mer ou la piscine, avec un moulage spécial pour éviter la rouille, une pour la musculation, plus robuste, deux pour le sprint, une parfaite pour le 100 mètres, l'autre pour le 200, deux pour le saut en longueur. J'ai en plus une prothèse particulière, une prothèse « œuvre d'art ». J'ai même fait un défilé de mode avec. Elle est entièrement recouverte de dessins blancs racontant mon parcours de vie. Du Burundi aux Jeux olympiques de Rio. Elle reprend l'idée des plâtres que l'on décore d'inscriptions amicales. C'est le graphiste U-exist, un designer de Roubaix qui customise les prothèses orthopédiques, qui l'a réalisée. On peut y lire mes records, des slogans qui me ressemblent, des mots qui me racontent : résilience, chance, champion. La carte du Burundi, celle de la France qui me sourit, le Corcovado des JO de 2016. J'ai fait de mes prothèses une fierté, un élément de ma séduction également. J'aime jouer avec mon corps, pour faire sauter les clichés liés au handicap. Arborer fièrement ma différence.

Dans la société, la mode notamment, tout est pensé pour cacher, camoufler, dissimuler une différence et mimer ce que l'on considère comme esthétiquement « normal ». Magnifier les prothèses, et par ce biais le handicap, c'est transformer le regard que l'handicapé porte sur lui-même et donc celui des autres. Faire en sorte que l'apitoiement se transforme en une curiosité bienveillante, et pourquoi pas en admiration. Dans la mode, les campagnes de publicité, le handicap est quasi inexistant. Sur Instagram, je mets en avant mon corps, je montre mes prothèses avec fierté. Il y a un côté bionique, homme machine, qui me plaît bien. Je joue avec les codes de la science-fiction, des superhéros de Marvel. Cela n'a pas toujours été le cas.

Quand j'étais petit garçon, j'ai longtemps caché ma prothèse. Au collège encore, je la dissimulais sous des pantalons, des joggings, je ne portais jamais de shorts, de manière à ce qu'aucun enseignant ne soit au courant de mon handicap. Si le prof de gym me demandait de tendre les pointes de pieds, je m'inventais une crampe pour éviter que les autres élèves ne découvrent l'invisible. Je ne voulais pas qu'ils voient la prothèse à la place de mon tibia. Je cumulais déjà pas mal de différences : orphelin, africain, noir, adopté. Je n'allais pas ajouter une raison de plus d'être stigmatisé. Je ne voulais pas attirer l'attention. Aujourd'hui, c'est tout l'inverse. J'aime être dans la lumière, attirer les regards.

Je dois tout cela à un spécialiste, car il n'y a pas de bon usage de la prothèse sans prothésiste. Un homme formidable, une figure paternelle qui compte pour moi, et qui est encore aujourd'hui dans ma vie. Jean-Charles Leberquier a été mon tout premier prothésiste à mon arrivée en France. Il avait été celui de mon père adoptif, c'était donc normal qu'il s'occupe de moi. Il m'a posé ma première prothèse alors que j'étais encore un tout petit garçon. Je me suis tout de suite approprié cette nouvelle partie de mon corps. Jean-Charles m'a suivi tout au long de mon adolescence, puis la vie nous a séparés pendant plusieurs années. Nous nous sommes retrouvés il y a six ans. Je suivais alors une rééducation dans le Sud, suite à un accident de moto. C'était au Cers (Centre européen de rééducation du sportif) à Saint-Raphaël. Nous sommes tombés dans les bras l'un de l'autre. Il me fallait alors un nouveau prothésiste. Il a élaboré pour moi des modèles de plus en plus performants. Il y a passé ses week-ends, et a sacrifié une partie de sa vie de famille pour moi. Il ne m'a jamais fait payer une lame de rechange. C'est très coûteux une prothèse. Sur un budget de 50 000 euros de sponsors, 30 000 euros en moyenne servent à financer une prothèse sportive. À cela il faut ajouter l'entretien des fixations, des lames qui s'usent rapidement. Une seule lame coûte 3 000 euros et elle s'use au bout de six mois en moyenne. Comme je m'entraîne six heures par jour, il me faut changer de prothèse tous les deux ou trois ans, je vous laisse faire le calcul !

Lorsque j'étais encore en France, nous avions obtenu avec Jean-Charles un contrat avec le fabricant de lames islandais, Össur. Je venais faire de la sensibilisation auprès d'accidentés de la route, des gens amputés comme moi, et en échange le sponsor nous fournissait des lames. J'ai également participé à des journées d'initiation sportive avec des enfants pour le même fabricant. Avec Jean-Charles, nous formons un duo, il est comme le mécanicien d'une voiture de sport. Un athlète handisport doit être très bon sur le plan sportif mais aussi en mécanique, il est comme un pilote de F1. Ensemble, nous faisons des réglages, et je lui fais totalement confiance. Depuis Nice, il me fait parvenir ici à Miami des produits pour entretenir mes prothèses sportives.

Si je suis dans la lumière aujourd'hui, Jean-Charles y est pour beaucoup. C'est un deuxième père adoptif pour moi. Jean-Charles est l'homme qui m'a fait remarcher, courir, m'a redonné la force de vivre. Quand je bats un record, que je monte sur un podium pour recevoir une médaille, il est toujours avec moi.

Pour nous, les athlètes handisport, les prothèses c'est la vie. Mais courir a un prix. Quelle émotion je peux ressentir quand je participe à ces journées de sensibilisation avec mon fournisseur de lames ou avec des associations comme Lames de joie (qui a pour vocation de prêter aux enfants amputés des lames de course en carbone pour pratiquer une activité sportive) ! Quand je vois ces enfants essayer leur première prothèse de sport, et que je sais que tous n'auront pas les moyens d'en avoir une, cela me fend le cœur. Si les prothèses de marche sont remboursées par la Sécurité sociale, à raison de deux prothèses tous les cinq ans, il n'en est pas ainsi pour les prothèses de sport. C'est une injustice criante. On m'a souvent rétorqué que courir était un luxe, que je devais déjà m'estimer heureux.

Faire du sport quand on est handicapé ne devrait pas être un luxe, mais un droit. On peut changer des vies par la pratique de la course, j'en suis la preuve. Rien ne justifie de devoir payer pareil prix pour courir. Si on y réfléchit bien, il s'agit seulement de carbone coulé dans un moulage. J'ai parfois l'impression que l'on fait un business sur le dos des handicapés, cela m'indigne. Une prothèse est aussi essentielle qu'une paire de chaussures. Un jour, j'aimerais créer une fondation pour aider les enfants handicapés du monde entier à accéder à une prothèse de marche et de sport.

Grâce à ma prothèse, je me sens fort. Je suis un homme augmenté. Je ne serai plus jamais un homme diminué.

– 3 –

« Mugisha, Mugisha, Mugisha, fais encore le lion Mugisha… »

À l'aide de mon énorme béquille en bois calée sous les aisselles, j'accélérais le pas. Il fallait que je fasse rire Zita. Je claudiquais en rugissant, Zita adorait cela lorsque je faisais le lion. Alors que j'avais plus la démarche d'un albatros. Les autres gamins me regardaient avec des yeux ébahis, souvent je me joignais à eux pour jouer au foot. J'étais la preuve vivante que l'on pouvait jouer au football avec une jambe en moins. Je n'étais pas une curiosité à l'orphelinat, d'autres enfants étaient mutilés, les uns avaient des bras et les autres des jambes en moins, mais à la différence de beaucoup d'entre eux, j'étais toujours partant pour jouer, courir, m'amuser, faire le clown. Pourtant, intérieurement, je luttais contre la tristesse et le désespoir depuis plusieurs mois. C'était le lot de tous les enfants d'ici de pleurer en silence, de ravaler leurs larmes.

À la sortie de l'hôpital, j'avais passé quelques semaines chez une « tante » à la ville ; avant le massacre, je crois que je ne l'avais jamais vue cette « tata ». Je lui menais la vie dure, je voulais ma jambe, je voulais ma maman, elle n'était pas ma maman, elle ne serait jamais ma maman. Je manquais cruellement d'amour. « Tata » faisait des efforts pour s'occuper de moi, mais je demeurais mutique, elle essayait de me câliner, mais je la repoussais brutalement. Je ne voulais pas qu'elle m'approche, je ne voulais pas qu'elle me touche, je ne voulais même pas qu'elle me parle. Je voulais rester seul. Alors je fermais les yeux et je visualisais le tunnel lumineux. Cela m'apaisait. J'étais certain d'y voir maman au bout, son sourire radieux, c'est ce qui me maintenait en vie.

J'avais mal, très mal ; ce qui me restait de jambe m'élançait atrocement, un bout d'os sortait du moignon, mon amputation n'avait pas été propre, papa m'expliquait que les médecins avaient opéré avec les moyens du bord, que c'était un miracle que je sois encore en vie, alors je devais serrer les dents, la douleur se calmerait avec le temps, mais il fallait que je sois gentil avec tata. Oui, la douleur se calmerait si j'étais gentil avec tata. Tata voulait mon bien. Alors je hurlais : « Maman ! »

Et Tata répondait les bras ballants : « Mais ta maman est morte, Mugisha, morte tu m'entends, morte, morte, morte ! »

Je mettais les mains sur mes oreilles, j'appuyais fort, très fort, jusqu'à ce que mes tympans soient douloureux.

Cette période qui dura plusieurs semaines ou plusieurs mois, je ne sais plus, fut difficile pour tout le monde, la guerre et les massacres continuaient, et moi, je vivais avec la violence et la haine inscrites en moi, mes blessures n'étaient pas que des preuves de cette folie meurtrière, mais une partie de mon corps, de mon être, de mon identité. Je portais la violence en moi, une violence que je contenais par le mutisme. J'aurais pu taper, me rebeller, hurler. Non, je gardais le silence.

Un jour, mon père m'a pris par la main, et nous sommes partis pour Bujumbura. J'étais content de me promener avec papa. Nous nous sommes arrêtés devant un grand bâtiment en brique ocre. Mon père m'a dit : « C'est une maison où il y a plein d'enfants, tu y seras bien… » J'avais un mauvais pressentiment. J'ai refusé d'entrer. Je prenais appui sur ma béquille, pour m'ancrer dans le sol. Papa a insisté.

« Mugisha, fais moi confiance, c'est le mieux pour toi, il y a des enfants comme toi, et après tu pourras aller en Europe pour avoir une nouvelle jambe. Ensuite, tu reviendras, d'accord ? »

À ces paroles, je me suis calmé, la perspective d'avoir une nouvelle jambe était engageante. Nous sommes entrés dans la grande maison, elle était assez jolie, et puis, c'était vrai qu'il y avait des enfants à l'intérieur, j'entendais leurs rires résonner dans le hall d'entrée. Un grand monsieur nous a accueillis, il a serré la main de papa, j'avais l'impression qu'ils se connaissaient, ils avaient l'air complices. Ils riaient en me regardant. Le grand monsieur s'est approché de moi, il m'a passé la main sur le crâne. Papa m'a fait un énorme câlin, le plus gros câlin qu'il m'ait jamais fait, il m'a serré très fort contre lui. Puis il est parti. Là, à côté du directeur de la grande maison, j'ai regardé mon père s'éloigner. Il est parti sans se retourner.

C'est la dernière fois que j'ai vu mon père.

« Tu es trop fort Mugisha, tu vas réussir à m'attraper ! »

J'adorais voir Zita rire aux éclats. Zita avait un an de plus que moi. Depuis mon arrivée à l'orphelinat, elle était comme ma grande sœur. Avec Marius, un petit garçon tout frêle un peu plus âgé que nous, nous formions un inséparable trio. Zita me prenait dans ses bras lorsqu'elle sentait poindre le chagrin en moi.

Si j'étais joyeux et joueur en apparence, j'avais une peine immense, une partie de moi était morte avec ma jambe, et je n'arrivais pas à faire le deuil de maman et accepter l'idée que mon père m'avait abandonné. Avec Zita et Marius nous passions beaucoup de temps dans le jardin de l'orphelinat. Nous jouions au foot, à lancer des cailloux, à compter les colonies de fourmis. Nous inventions des histoires, avec des lions magnifiques, des gazelles athlétiques, des oiseaux aux ailes multicolores, nous les appelions les animaux de la liberté. Je ne pouvais pas oublier le chant des oiseaux au-dessus de mon village. Nous rêvions de pouvoir revoir le monde au-delà de la clôture de l'orphelinat. Je vivais cet enfermement comme une prison, pourtant je n'étais pas maltraité.

Souvent des adultes venaient, puis repartaient avec un enfant. Tous les jours je me faisais de nouveaux amis, et puis ils disparaissaient. On disait que des hommes noirs venaient les chercher pour les vendre à des Blancs qui les mangeaient. Moi cela me faisait frémir, j'étais un tout petit garçon de cinq ans. J'avais du mal à faire confiance aux adultes, des adultes capables de découper à la machette des femmes et des enfants. Alors, ces rumeurs ne m'étonnaient guère. J'avais entendu qu'il y avait un trafic d'enfants avec le Zaïre. Des enfants abusés, battus. Nous étions donc toujours un peu sur le qui-vive lorsque des adultes venaient.

Nous passions beaucoup de temps dehors car les installations à l'intérieur de la maison étaient sommaires. Nous dormions sur des matelas par terre et mangions également à même le sol d'une grande pièce. Nous n'avions pas de jouets. Nous avions faim. Zita et Marius se sacrifiaient souvent pour moi et me donnaient une grosse part de leur repas. Comme j'étais plus petit et handicapé, ils estimaient que je devais prendre des forces. Les menus, essentiellement constitués de riz et de haricots, étaient frugaux. Parfois, la cousine de Zita nous rendait visite et nous apportait des œufs, c'était jour de fête pour notre petit groupe.

Zita était un peu notre bonne fée à tous. Elle s'occupait de moi et d'Angélique, amputée des bras et des jambes. Angélique était une Pygmée twa, eux aussi ont été victimes des massacres et de nombreuses persécutions dans toute la région des Grands Lacs. Les Pygmées sont considérés comme des êtres inférieurs par les autres populations. À l'orphelinat, nous ne faisions pas de distinctions entre les ethnies. Nous étions solidaires. Zita et Marius portaient souvent la petite Angélique pour qu'elle puisse aller aux toilettes. Il y avait bien les nourrices pour s'occuper de nous. Des jeunes filles avec des chaussures à talons auxquelles Zita voulait ressembler. Elle les trouvait belles. Elle rêvait d'avoir, elle aussi, un jour des chaussures à talons. Alors elle s'improvisait nourrice en aidant les plus petits. Les nourrices nous donnaient un semblant d'enseignement, nous apprenaient à écrire, mais c'était très sommaire. Comme notre quotidien. On faisait tout avec les moyens du bord. Les mois et les années passant, les conditions de vie se sont détériorées. Les coupures d'électricité rythmaient de plus en plus nos soirées, et nous nous lavions à l'eau froide. Souvent, nous chantions à la lueur des bougies et nous ramassions la cire pour la manger car nous n'étions pas rassasiés. Nous faisions des poupées et des bonshommes en papier et nous dessinions sur nos avant-bras les animaux de nos histoires inventées avec des bouts de brindilles. Cela piquait et parfois me chatouillait. J'aimais quand Zita dessinait sur mon bras, je fermais les yeux et je voyais mes sœurs, je fermais les yeux et je voyais maman. Maman passait un temps fou à me gratter les bras et le dos, le souvenir de ces caresses délicieuses était comme tatoué dans ma peau.

Et puis un jour Zita est partie. J'aurais dû m'en douter, un homme blanc venait souvent lui rendre visite. Tous les enfants étaient contents de le voir, voulaient attirer son attention : Innocent, un cousin éloigné de Zita, jouait avec la montre de l'homme blanc qui le laissait faire ; Joseline, la Congolaise, dansait autour de lui et lui parlait dans une drôle de langue, une langue que seul l'homme blanc connaissait. Zita m'apprit qu'il s'agissait du Français, que l'homme blanc venait pour l'adopter, qu'elle allait partir en France. Je n'arrivais pas à me réjouir pour elle, et puis je me faisais du souci, peut-être que l'homme blanc, en apparence si gentil, allait ensuite lui faire du mal. J'étais paniqué, je redevenais mutique. Sans Zita j'étais perdu, le destin était décidément bien cruel de me priver peu à peu de tous les êtres qui m'étaient chers.

Zita est partie un matin, dans une jolie robe toute blanche. Depuis la fenêtre du hall de l'orphelinat, je l'ai regardée s'éloigner dans le jardin de la demeure, elle m'a fait un signe de la main, puis m'a envoyé un baiser. Mon père aussi avait traversé ce jardin pour ne jamais revenir me chercher. Je ne reverrais plus Zita. Une nouvelle page se tournait, c'était dur à accepter. Je suis resté longtemps prostré dans la maison, je n'avais plus envie de faire rire les autres, ce départ avait ravivé mes blessures.

En boule sur mon matelas, je sanglotais. J'essayais d'étouffer mes larmes dans mes draps. Je regardais les traces des derniers dessins que Zita avait déposées sur mes bras. Je passais mes doigts dessus, je nous imaginais partir sur les ailes des oiseaux majestueux. Je me suis endormi sur cette image de liberté, enfin apaisé. Quelques heures plus tard, je me suis réveillé, transpirant, terrassé de spasmes.

Le lion à la patte en sang était revenu. Zita n'était plus là pour me calmer.

*

Je viens de terminer une séance de musculation. Il fait très chaud ce matin mais je ne vais pas m'octroyer de pause. Tous les jours depuis mon arrivée en Floride, je me lève tôt, je vais courir pour m'échauffer, puis j'enchaîne par de la musculation, avant de m'entraîner au sprint et au saut en longueur. Cette rigueur est indispensable pour me maintenir au niveau. Après un report d'un an à cause de la pandémie de la Covid-19, les Jeux olympiques et paralympiques de Tokyo sont prévus pour cet été. Les fois précédentes, à Londres en 2012 et à Rio en 2016, j'ai échoué tout près du podium. Je ne suis pas ce genre d'hommes à m'arrêter si proche du but. Je veux une médaille paralympique, j'ai la rage d'un lion, ce lion qui hantait, petit, mes cauchemars, ce lion dont j'ai peu à peu fait mon allié, ce fauve que j'ai apprivoisé qui me rappelle sans cesse mes origines africaines dont je suis fier.

Même si j'ai grandi en France, j'ai l'Afrique dans le sang. Je dois aussi avouer que si j'ai l'impression d'avoir beaucoup donné pour la France, pour l'équipe de France d'athlétisme notamment, je n'ai pas franchement eu l'impression de recevoir grand-chose en retour. J'ai fait tellement de sacrifices pour si peu de reconnaissance !... En France, le sport paralympique n'est vraiment pas une priorité, je le déplore. Mes parents ont reçu il y a quelques semaines une lettre du préfet de la Drôme stipulant que le ministère de l'Intérieur souhaite constituer un mémoire de proposition à l'ordre national du Mérite en ma faveur afin de récompenser « mes actions méritantes » et l'ensemble de mes résultats sportifs. J'aurais pu m'en réjouir, y voir une certaine forme de reconnaissance. Pourtant, plutôt que de la fierté, c'est de la colère que je ressens. Pourquoi accepter cette médaille en chocolat ? Veulent-ils se racheter une bonne conscience ? Je n'ai pas besoin de décorations symboliques, mais d'aides concrètes pour vivre décemment en tant que sportif de haut niveau.

Je ne me suis jamais senti soutenu par l'État français. Je ne considère pas que la France m'a sauvé, Danielle et Robert Alaize, mes parents adoptifs, m'ont sauvé. Et uniquement eux. C'est à eux que je dois tout. Je comprends que mes parents soient honorés de cette démarche. Moi, c'est à eux que je remettrais l'ordre du Mérite.

Hier, je me suis encore disputé avec ma mère au téléphone à ce propos. Elle dit ne pas supporter mes récriminations à l'encontre de la France. Nous avons souvent cette conversation avec Danielle.

« Maman, tu sais bien que la France ne m'a jamais reconnu…

– Ça m'exaspère ce que tu dis en boucle. Tu ne serais pas là où tu es sans la France.

– La France, elle m'a apporté quoi ?

– Mais tout ! Tout ce que tu as ! La santé, l'école…

– Mais tout est plus compliqué en France, je me heurte à tellement de barrières. Pourquoi tout le monde vient vers moi ici à Miami, des sponsors, des entraîneurs bénévoles, et même une production de théâtre qui me sollicite pour que je raconte mon histoire sur scène ? Pourquoi je me fais traiter de sale Nègre en France et pas en Floride ?

– Et c'est reparti, tu ne peux pas dire ça, Jean-Baptiste, tu sais très bien que c'est faux… »

En France, il m'est arrivé plus d'une fois de ressentir cette haine, ces différences mal perçues, le racisme, le regard malveillant des gens sur le handicap. Ici, en Floride, je ne perçois rien de tout ça. Je ne me sens pas un Noir handicapé. Ici, je me sens considéré, jamais rejeté, ni stigmatisé. Mais je ne veux pas qu'on pense que je suis en guerre avec la France, pas du tout. C'est un peu comme dans un couple, pour faire avancer les choses, il faut parler et hausser le ton parfois.

Les médias français s'intéressent trop peu au handisport, à nos performances dans les stades. Me concernant, mon histoire personnelle est susceptible de les passionner, mais je ne suis pas qu'un petit Africain qui a survécu à la guerre. Je suis également un champion. Je pense que ce qui m'est arrivé attire trop l'attention au point d'en faire oublier mes exploits sportifs. J'ai gagné des médailles à toutes les compétitions internationales et européennes, hormis les Jeux paralympiques, et pourtant j'ai moins de sponsors qu'il y a quelques années. On m'avait toujours dit qu'une médaille mondiale allait changer ma vie, et lorsque j'ai remporté la médaille de bronze aux championnats du monde de Londres en juillet 2017, j'étais vraiment sur un petit nuage. Mais ça n'a pas autant intéressé les médias que si j'avais été valide. Je parle au nom de la plupart des athlètes handisport, nous souffrons d'une réelle mise à l'écart médiatique, nous sommes presque invisibles, ce qui nourrit chez nous de la rancœur et pas mal de frustrations. Alors nous investissons les réseaux sociaux, nous affichons nos corps différents mais puissants sur Instagram afin d'exister comme tous les champions. Je n'ai d'ailleurs eu aucune prime financière de la part de notre fédération. Quand je vois comment certaines disciplines sont si bien loties alors qu'elles sont largement moins titrées, ça me déçoit vraiment. J'ai l'impression de travailler uniquement pour la gloire, sans aucun retour. Cette injustice me ronge.

– 4 –

Le directeur de l'orphelinat était venu me réveiller ce matin-là. Il avait un grand sourire, il fallait que je me dépêche, que je rassemble mes affaires, ce qui signifiait mes deux uniques shorts et tee-shirts, et que je le suive dans son bureau. J'avais peur de cette soudaine convocation, tant d'enfants avaient disparu comme ça du jour au lendemain, mon heure était venue, j'en étais certain.

– Assieds-toi, Mugisha…

Je demeurais appuyé sur mes béquilles, bien décidé à ne pas obéir.

– Assieds-toi, mon garçon, regarde, j'ai quelque chose à te montrer.

Il m'a tendu une photo d'un homme blanc.

– Tu as de la chance, Mugisha, ce monsieur va devenir ton papa…

Mon père ? Mais j'avais déjà un père, et il allait revenir me chercher, j'en étais convaincu. Alors il fallait que je l'attende ici à l'orphelinat. Je baissais les yeux pour montrer mon désaccord.

– Mugisha, ne fais pas l'enfant, tu es un grand maintenant, ce monsieur vient de France pour te rencontrer, je vais t'amener dans un hôtel dans le centre-ville, et vous allez apprendre à vous connaître.

Je n'avais pas le choix, je devais le suivre. J'ai soupiré jusqu'à sa voiture, il a démarré, les autres enfants ont couru pour accompagner le véhicule jusqu'au bout de l'allée, le portail s'est refermé, je me suis retourné pour les regarder, je savais que je ne les reverrais plus jamais. J'avais passé plus de trois ans dans cet orphelinat que je n'aimais pas, mais c'était la seule chose qui me reliait encore à l'espoir de revoir mon père. Dans la voiture, le directeur a tenté de me rassurer :

– Tu vas partir avec lui en France, et il va te mettre une jambe toute neuve. tu verras, ce sera chouette !

Je n'arrivais pas à oublier les rumeurs sur le trafic d'enfants. Ce départ ne m'inspirait guère confiance.

Nous sommes arrivés devant un hôtel, moi je ne savais pas ce que cela voulait dire « hôtel ». C'était un grand bâtiment avec des gens gentils et très bien habillés à l'accueil. Dans le hall, un homme attendait. L'homme blanc de la photo. À ma grande surprise, je découvris qu'il avait deux prothèses ! Je n'avais jamais vu ça auparavant. Il me faisait penser à un grand oiseau blanc avec ses jambes métalliques. Il me souriait, il n'avait vraiment pas l'air méchant. Je ne pouvais imaginer qu'il allait me faire du mal et encore moins me manger. Mais il me fallait demeurer sur mes gardes. Le directeur de l'orphelinat lui a donné des papiers et lui a serré la main. Puis il m'a donné une petite tape dans le dos.

– Au revoir, Mugisha, bonne chance à toi, petit.

Le directeur n'avait jamais manifesté d'affection pour moi auparavant, pour aucun enfant de l'orphelinat d'ailleurs, mais il ne m'avait jamais fait de mal non plus. Je l'ai regardé quitter le hall de l'hôtel, presque hébété. Ma vie ne serait plus jamais la même, j'en avais l'intuition. Mais j'oscillais entre la peur et la curiosité de connaître l'homme blanc qui me tendait la main.

– Bonjour, je m'appelle Robert.

Je ne comprenais pas cette langue, je me suis dit que cela ressemblait à celle que parlait le monsieur blanc qui m'avait enlevé Zita.

– Moi, je suis Robert, et toi, tu es Mugisha…

J'entendais mon prénom au moment où l'homme blanc a sorti de sa poche une petite voiture. Je n'en avais jamais vu avant. J'étais émerveillé, je n'osais pas la toucher.

– Tiens, gamin, c'est pour toi… C'est un cadeau, j'en ai d'autres pour toi, petit bonhomme…

Le ton de sa voix se voulait rassurant, j'aimais bien son regard franc, et je le trouvais beau avec son visage sec et ses yeux bleu vif.

– Prends, c'est ton jouet, tu sais ce que c'est qu'un jouet ?

« Jouet », « voiture », « prends », j'essayais de retenir ces sons nouveaux.

Il m'a mis la voiture dans la main. J'ai compris que c'était pour moi. J'étais content. On ne m'avait jamais fait de cadeau auparavant. Je sentais des larmes de joie monter à mes yeux, mais je les contenais, je ne voulais pas montrer mes faiblesses devant cet inconnu.

Je l'ai suivi dans une chambre. Il y avait deux lits.

– Toi, Mugisha, tu vas dormir là…

L'homme blanc me montrait le lit le plus proche de la fenêtre. Je compris que ce serait le mien. Je me suis assis dessus. Il était incroyablement moelleux, avec une couette blanche toute douce qui le recouvrait. Je dormais par terre depuis des années, et on m'offrait un lit, un vrai lit ! L'homme blanc s'était allongé sur le sien comme pour m'entraîner à faire de même. Nous sommes restés longtemps comme ça, allongés sur le dos, à regarder le plafond en silence. J'entendais la respiration de l'homme blanc. J'étais bien. Oui, je baissais progressivement la garde. Je fermais les yeux, puis les rouvrais de façon de moins en moins espacée, c'était le milieu de l'après-midi mais j'avais envie de dormir. Tous ces changements et émotions nouvelles m'avaient fatigué.

Lorsque je me suis réveillé, il faisait nuit. L'homme blanc s'était changé, il sentait bon. Il me souriait. Il répétait les mêmes phrases que dans l'après-midi.

– Je m'appelle Robert. Et toi ?

Après un long silence, j'ai répondu :

– Mugisha.

– Oui, c'est ça, moi, c'est Robert, et toi, Mugisha.

Il a sorti de sa valise une paire de baskets, des Converse noires avec des lacets blancs, je n'avais jamais vu d'aussi belles chaussures.

– C'est pour toi, et plus tard, quand tu auras une prothèse tu pourras mettre la deuxième.

Elles étaient magnifiques. Je n'osais pas les mettre. Alors que je m'apprêtais à enfiler ma sandale en plastique, trop petite, que je portais depuis plusieurs mois à l'orphelinat, Robert a insisté pour que je chausse ma nouvelle basket. Elle était un peu grande, mais j'étais émerveillé.

Nous sommes descendus dans une grande salle à côté du hall de l'hôtel. Des gens y étaient attablés et commençaient à manger. Cela sentait bon. Mon ventre gargouillait.

– Tu as faim, Mugisha… C'est bien.

Robert a passé la commande auprès du serveur. Puis il a sorti de sa besace d'autres cadeaux. Une figurine de robot que l'on appelait Goldorak et un livre d'images. On m'apporta un soda à l'orange, un Fanta, je n'avais jamais rien bu d'aussi bon et sucré, cette boisson avait le goût d'un dessert. Elle aurait suffi à me nourrir. Le serveur disposa devant moi une assiette remplie d'omelette et de riz. C'était délicieux. Je mangeais tout en même pas cinq minutes.

– Eh bien, Mugisha, tu es affamé…

Robert se mit à rire. Il fit un signe au serveur qui, quelques minutes plus tard, déposa devant moi une deuxième omelette. Je la dévorai.

– C'est bien, fiston, mange, mange, Mugisha, mange autant que tu veux. Désormais tu ne manqueras plus jamais de rien.

Je dévisageais cet homme qui me parlait dans une langue inconnue, mais je comprenais désormais une chose : cet homme me voulait du bien.

*

Est-ce juste mon histoire ou est-ce que le sujet du handicap est tabou en France ?

Hormis le nom d'Oscar Pistorius, qui, de par son charisme et ses exploits, a popularisé et glamourisé le handisport, à l'international, presque personne n'est capable de citer ceux des grands champions touchés par un handicap. Et encore, celui du champion sud-africain vous est certainement plus familier parce qu'il est apparu maintes fois dans les pages faits divers des journaux, puisqu'il purge actuellement une peine de prison de treize ans pour le meurtre de sa compagne Reeva Steenkamp.

Les noms de Nantenin Keïta, championne du monde du 400 mètres malvoyant en 2006, Trésor Makunda, sprinteur aveugle également, triple médaillé paralympique, Ronan Pallier, quinquagénaire aveugle, champion d'Europe 2021 de saut en longueur, ou encore Mandy François-Elie, championne d'Europe de 200 mètres 2018, ne vous évoquent certainement pas grand-chose malgré leurs performances. Et que dire encore d'Arnaud Assoumani qui a été mon parrain sportif quand j'étais junior. Avec son avant-bras en moins, c'est l'un des athlètes les plus titrés, mais j'estime qu'il n'a pas la notoriété qu'il mérite. Si vous posez la question autour de vous, très peu de gens sauront qui il est et ce qu'il a réalisé alors que c'est un immense champion, pour preuve son palmarès : il a participé à ses premiers Jeux à Athènes en 2004 où il a remporté le bronze à la longueur, avant d'être couronné d'or à Pékin en 2008 et d'argent à Londres en 2012. En dehors du sport, Arnaud se consacre à d'autres projets : ancien étudiant à Sciences-Po Paris, Arnaud a également étudié le cinéma. Ce dingue de musique et de chant pratique le beatbox (musique avec la bouche) et joue de la musique brésilienne (Samba). Un vrai touche-à-tout !

La mentalité actuelle dans le sport français est décevante, car on veut nous séparer des valides. Si cela part d'une bonne intention, c'est une vision éculée et condescendante du handicap. J'aimerais qu'il y ait plus de liens entre nous, avec pourquoi pas un grand meeting commun afin de faire découvrir nos performances aux spectateurs, comme cela se fait plus facilement aux États-Unis. Il faut favoriser ce genre d'événements pour que les mentalités bougent.

Mais il y a des complexités légales et idéologiques. Il faut donc percer l'abcès du handicap et faire passer ce message : il ne faut pas juger les gens, mais les accepter comme ils sont. Ils ne doivent pas avoir honte de leur handicap, et notre société doit arrêter d'avoir un a priori négatif sur nous. Il faut porter un œil neuf sur les handicapés, notre handicap n'empêche pas de réaliser des exploits, dont les valides seraient bien incapables, notre corps est certes amputé d'un membre ou d'un sens, mais notre cerveau fonctionne à plein régime. Mon handicap, c'est d'avoir une jambe en moins, mais il ne m'empêche pas d'être fier de mon parcours. Oui, je suis fier de ce que j'ai réalisé jusqu'ici. Malgré ce que j'ai vécu, la vie continue, pleine de belles surprises, d'ailleurs je ne me contente pas de vivre, je vis à fond, je vis tout plus intensément, si je ne suis pas mort avec ma mère il y a vingt-sept ans ce n'est pas pour me contenter d'une petite existence, j'aspire à sortir du lot. La réussite, c'est avant tout une question d'envie, de ténacité, il peut être parfois tentant de se laisser gagner par le découragement, de baisser les bras, de se laisser glisser sur une pente descendante, mais chaque fois que j'ai ressenti les prémices d'un abattement, la force qui est en moi depuis que je suis tout petit l'emporte, une rage incroyable gagne mon mental et me pousse toujours à aller de l'avant, à surpasser mes limites. Je ne suis pas le seul à avoir ce mental hors du commun, les athlètes handisport ont cette capacité presque surhumaine à toujours aller de l'avant. C'est ce que montre *Rising Phoenix*, un documentaire incroyable qui met à l'honneur les histoires extraordinaires de champions handicapés.

J'ai fait partie du casting de ce film diffusé l'an dernier sur Netflix. Réalisé par Ian Bonhôte et Peter Ettedgui, c'est un documentaire audacieux qui revient sur les destins hors normes de plusieurs athlètes handisport et retrace avec justesse et une esthétique incroyable l'histoire du mouvement paralympique. J'ai été contacté sur Instagram par les réalisateurs de ce film. J'ai été vraiment très touché de représenter la France dans cette aventure. Le handicap et la diversité y sont racontés de la plus belle des manières, ce film devrait marquer les esprits et devenir une formidable source d'inspiration. Il devrait être diffusé dans les écoles. Les sportifs présents dans le film forment une équipe de superhéros, un peu comme les Avengers. Qu'il s'agisse de l'escrimeuse italienne Bebe Vio, de la nageuse australienne Ellie Cole, des coureurs sud-africain et britannique Ntando Mahlangu et Jonnie Peacock ou encore de la pratiquante chinoise de force athlétique Cui Zhe, nous avons tous vécu un drame qui nous a permis de nous surpasser. Nous nous connaissons peu, mais nous sommes liés par des histoires similaires. J'ai gardé contact avec Bebe Vio. Avec son visage marqué par les cicatrices et ses membres amputés, elle est devenue une sorte d'icône dans son pays.

C'est vraiment lors des Jeux de Londres en 2012 que l'histoire paralympique a connu un tournant. La médiatisation était incroyable, le public anglais était au rendez-vous, les organisateurs voulaient donner à ces Jeux une dimension planétaire, bousculer les stéréotypes et faire passer le message suivant : les Jeux paralympiques ne sont pas une sous-compétition, en aucun cas des Jeux olympiques au rabais. La campagne de publicité pour l'événement était audacieuse et militante, posant la question suivante : « Ce n'est pas vraiment du sport ? » ; ou encore avec ce slogan percutant : « Merci, pour l'échauffement », matraqué après la fin des JO. Il s'est vraiment passé quelque chose d'incroyable à Londres, on se sentait respectés, admirés, parfois même adulés. Mais j'ai vite regretté que cela n'ait pas été suivi d'effets.

Je veux revivre ces moments intenses de reconnaissance, entendre le public scander mon nom lorsque je m'élance sur la piste. Nous avons l'étoffe des héros, nous avons besoin d'être reconnus comme tels. J'ai l'impression qu'après la mort il y a encore un avenir. Comme tous les protagonistes du film, je suis un phénix qui renaît toujours de ses cendres. C'est cela la force des survivants.

– 5 –

Je n'en revenais pas. Robert me montrait comment me servir de mon nouveau cadeau. Des béquilles, des béquilles en aluminium ! Rien à voir avec ma vieille béquille de bois qui me faisait mal sous les aisselles. Robert m'avait fait le plus beau des cadeaux. Je paradais dans le hall de l'hôtel. Je fanfaronnais et enchaînais les tours, Robert riait de me voir aussi content. En quelques jours, j'avais acquis la technique et j'avançais de plus en plus vite grâce aux béquilles. Une fois, je suis même sorti de l'hôtel, et j'ai marché jusqu'au coin de la rue. Robert est venu me chercher, paniqué. J'éprouvais un fort sentiment de liberté, je ne cherchais pas à m'échapper, mais j'étais grisé par les nouvelles sensations que m'offraient mes nouvelles béquilles.

Quand il m'a retrouvé, Robert m'a fait les gros yeux, mais des gros yeux gentils, sans colère. Je n'avais plus peur de lui, j'étais interloqué, mais je sentais qu'il n'y avait rien à craindre avec lui. Une autre fois, je me suis sauvé pour regarder un match de foot depuis le toit de l'hôtel. Je ne cherchais pas à m'échapper, mais j'étais très indépendant.

Nous sommes restés une semaine à l'hôtel. Je mangeais des omelettes et buvais des sodas à tous les repas. Je jouais avec mes figurines et les lunettes de soleil qu'il m'avait offertes, j'étais un peu le petit roi à l'hôtel. Le personnel et les clients nous regardaient avec attendrissement. Nous formions un drôle de duo, deux handicapés, un grand, un petit, un noir, un blanc. Et pourtant nous étions pareils, nous n'avions pas la même histoire, mais nous avions la même fêlure.

Un soir, Robert a remonté la jambe de son pantalon et désigné sa prothèse.

– Tu vois, toi aussi, bientôt, tu en auras une pareille, et tu n'auras plus besoin de béquilles.

Je ne comprenais pas, mais comme il me désignait sa prothèse et ensuite ma jambe amputée, j'en déduisais que j'en aurais une aussi un jour.

Régulièrement, il téléphonait à une dame. Je saisissais des bribes de conversation : « bientôt », « Mugisha », « gentil », « kirundi », « pas du tout français », « je t'embrasse », « tu me manques ».

Puis il raccrochait et me disait :

« C'est Danielle, ta maman. Danielle, mama… »

Je me demandais quand j'allais voir cette dame qui devait devenir ma maman.

Un matin au petit déjeuner, je jouais comme tous les jours avec mon Goldorak et ma petite voiture, je les faisais s'entrechoquer, Robert a sorti de sa poche une carte postale avec un avion de ligne dans le ciel.

– Mugisha, demain nous allons voyager ensemble. On va prendre l'avion pour la France. La France, c'est chez moi, tu comprends, dis, Mugisha ?!

Je demeurais silencieux. Robert a insisté, il a commencé à imiter avec sa main l'avion qui décolle, qui vole puis qui atterrit.

– Ensemble, toi et moi, Robert et Mugisha, vroum dans l'avion…

Il m'amusait avec ses grands gestes. Son regard bleu acier qui cherchait à m'attendrir, j'étais de plus en plus en confiance auprès de lui. Il avait passé une semaine à m'apprivoiser, à tenter de m'expliquer comme il le pouvait la suite des événements, à me choyer et calmer mes craintes.

Ce dernier soir à l'hôtel, j'ai eu du mal à m'endormir. Je m'agitais dans le lit, tournais et me retournais. À la lueur de la lampe de chevet, je n'arrêtais pas de jouer avec la carte postale, comme l'avait fait Robert quelques heures plus tôt. J'étais dans le ciel, avec les oiseaux et tous les animaux de nos histoires enfantines. Alors j'ai pensé à Zita, si loin de moi. Peut-être que grâce à l'oiseau géant je retrouverais ma douce amie. Je marmonnais :

– Zita, Zita…

Robert s'est assis sur le bord du lit, a rangé les jouets éparpillés sur mon matelas, passé sa main sur mon front pour m'aider à trouver le sommeil.

– Dors, Mugisha, dors, petit, demain nous ferons un beau voyage.

*

Mon vrai père est mort sans que je sache la vérité. Lorsqu'il m'avait conduit à l'orphelinat, il m'avait dit : « Tu vas rester ici pour te faire poser une prothèse, et je viendrai te chercher après. » Le directeur de l'orphelinat m'avait dit lorsque Robert est venu me chercher : « Tu iras en France pour te faire poser une prothèse », et moi, j'avais compris que je rentrerais ensuite au Burundi. Les adultes mentent souvent, trahissent les enfants pour obtenir gain de cause, leur cachent la vérité, usent de non-dits destructeurs.

Danielle et Robert, mes parents adoptifs, n'ont pas plus de réponses que moi quant aux raisons de mon abandon par mon père, mais ils détiennent la preuve que mon père m'avait en effet confié à l'adoption. Moi, je l'ai attendu pendant trois ans à l'orphelinat jusqu'à ce que Robert vienne me chercher. Même arrivé en France, et choyé par Robert et Danielle, je nourrissais encore l'espoir pendant plusieurs semaines de retourner au Burundi, avec ma jambe toute neuve. Papa viendrait me chercher à Bujumbura, à l'aéroport, je courrais vers lui avec ma nouvelle jambe et lui sauterais au cou. Je m'accrochais à cette idée. C'est pourquoi je me refusais à apprendre le Français, à quoi cela me servirait, puisque dès mon retour je n'aurais besoin que du kirundi. Dans ma tête, je n'étais pas français mais africain.

Pourtant, je suis tombé dans la meilleure des familles adoptives. Une famille pas comme les autres. Mais il me manquait une clé pour comprendre mon passé. Et ce qui me liait encore aussi fort à mon pays natal. Ma mère adoptive m'a raconté les circonstances de mon adoption. Après leur mariage, Danielle avait dit à Robert :

– On ne va quand même pas manger pendant quarante ans en tête-à-tête !

Elle était aide-soignante, Robert avait eu très tôt un accident de voiture qui l'avait conduit à être amputé des deux jambes, il ne pouvait pas avoir d'enfant. Ils avaient donc adopté Julien, mon frère rwandais, puis moi. Peu après mon adoption, Danielle est devenue assistante maternelle pour se constituer famille d'accueil. Encore aujourd'hui, la maison est pleine d'adolescents en difficulté, qui vont et viennent d'une pièce à l'autre. La plupart sont arrivés bébés. Lorsque je rentre chez mes parents, je taquine souvent ma mère :

« C'est la maison de l'abbé Pierre ici. »

Elle en rigole volontiers. Je n'ai jamais vu de gens aussi généreux. Mon père est aujourd'hui en fauteuil roulant, la marche avec ses prothèses le fatigue, et pourtant il continue à donner de l'amour et de l'énergie à ces adolescents sans repères. Et ma mère s'épuise souvent à s'occuper d'eux. Je ne leur en veux pas, évidemment, mais je me fais du souci pour mon père et ma mère, ils pourraient à leur âge se reposer. La plupart partent à leur majorité, et jusque-là mes parents leur offrent tout ce dont ils ont besoin pour être heureux.

Danielle et Robert ont un cœur immense. Ils ne font pas ça pour l'argent, c'est presque un sacerdoce pour eux. Je n'ai jamais rencontré des gens aussi généreux, aussi humbles.

Ce sont eux les héros. Mes héros.

Malgré tout, j'ai mis du temps à renoncer à mon vrai père, à l'idée de mon retour au Burundi. J'ai appris bien plus tard, en 2013, lors de mes retrouvailles avec ma famille rescapée du génocide, que mon père est décédé trois ans et demi après mon arrivée en France. Après les événements, il avait tenté de refaire sa vie avec une nouvelle femme, de nouveaux enfants, je crois. Il avait fait le choix de tourner la page, il n'avait jamais parlé de moi, de mon abandon, de la douleur qu'il avait certainement ressentie à ce moment-là. Mon père est mort d'une crise cardiaque au cours d'un repas avec sa deuxième famille. Pour moi, il est mort d'un choc émotionnel. Il était rongé par la douleur d'avoir dû m'abandonner, il est mort avec son secret, trop lourd. Il m'aimait, et c'est par amour pour moi qu'il m'a confié à l'adoption, faisant le pari qu'une famille généreuse m'offrirait une meilleure vie qu'au Burundi. Il m'a sauvé, mais il crevait de culpabilité.

Même si je garde très peu de souvenirs de mes vrais parents, que leur image s'est effacée peu à peu avec le temps, que je considère Danielle et Robert comme ma mère et mon père, je suis fier de mes deux familles et des sacrifices qu'ils ont fait pour moi. À mon tour, j'aimerais fonder une famille, faire des enfants et en adopter également. C'est comme si c'était inscrit dans mon sang. Faire des enfants et en adopter, ce serait une belle manière d'avancer dans la vie, après le sport. Danielle et Robert ont adopté parce qu'ils ne pouvaient pas faire d'enfants, moi, je peux en avoir, mais je souhaiterais en plus donner une chance de s'en sortir à des orphelins, comme mes parents l'ont fait pour moi. Grâce à eux, je suis devenu un adulte, animé par des valeurs que je souhaiterais transmettre à mes enfants.

– 6 –

L'avion se tenait devant moi. En vrai. Cette fois-ci, ce n'était pas une photo, ni un jouet. J'étais resté un long moment figé sur le tarmac à regarder l'oiseau aux ailes d'acier. J'étais tétanisé, apeuré par les bruits du moteur. J'avais l'impression que j'allais embarquer dans une navette spatiale. Robert se montrait patient. Il n'était pas question de me brusquer. Tous ces gens qui rentraient dans l'avion ! Je me demandais comment il était possible de faire tenir autant de personnes dans un pareil engin, et surtout comment on allait pouvoir voler tous ensemble.

– Viens, Mugisha, ça va aller, tu vas voir, c'est extraordinaire l'avion.

Je comprenais que Robert tentait de me rassurer. Il s'est alors mis en marche, faisant mine de me laisser là sur le tarmac. J'ai regardé une dernière fois l'aérogare derrière moi, le bâtiment composé de trois dômes futuristes me faisait penser à une soucoupe volante. Robert avançait vers l'avion, je me suis décidé à bouger, il fallait que je le rejoigne. J'ai accéléré jusqu'au pied de l'escalier. Il m'a lancé un regard attendri et rassurant. Je devais lui faire confiance. J'ai monté les marches une à une en m'aidant des béquilles. Avant d'entrer dans la carlingue, j'ai observé les collines vertes toutes proches des pistes. J'ai pris une grande bouffée d'air, j'ai fermé les yeux, et j'ai revu le visage radieux de maman. Elle m'invitait à monter dans l'avion et à dire au revoir au Burundi. Encore une fois, il me fallait faire preuve de courage, et accepter de m'élancer vers l'inconnu.

Nous avons pris place à bord, dans la rangée de fauteuils colorés. Une gentille hôtesse de l'air m'a expliqué comment le vol allait se dérouler. Je commençais à maîtriser ma peur. Presque tous les voyageurs étaient noirs, mais il y avait quelques hommes et femmes blancs comme Robert. Je les observais, j'essayais d'oublier les rumeurs : ils ne me voulaient aucun mal, non ils n'allaient pas me dévorer. Robert m'avait laissé le siège à côté du hublot, pour que je voie le paysage. L'avion s'est mis à rouler, puis a accéléré, je serrais très fort l'accoudoir d'une main, et la ceinture de sécurité de l'autre, mon corps tressautait à mesure que l'engin prenait de la vitesse. Au décollage, j'ai étouffé un cri de stupeur. Je ne voulais plus montrer mes craintes à Robert. J'étais un petit garçon téméraire, je voulais qu'il ait cette image de moi.

Nous étions dans les nuages, c'était incroyable, l'avion traversait une épaisse couche de coton. Puis le ciel était tout bleu, je voyais par le hublot les montagnes s'éloigner, les habitations devenir minuscules, nous dominions la nature, c'était extraordinaire. J'ai essayé de dire à Robert en mélangeant du kirundi et des rudiments de français :

– C'est trop beau, c'est le paradis…

Il m'a souri, mais je crois qu'il ne m'a pas compris.

Mes oreilles se sont bouchées, et une torpeur s'est emparée de moi. J'ai posé la tête sur l'épaule de Robert, il a déposé un baiser sur mon front, et je me suis endormi, la tête dans les nuages.

J'ouvrais de temps en temps les yeux, et replongcais dans un sommeil ouateux. J'avais perdu la notion du temps. Je percevais le vrombissement du moteur. Je rêvais encore. Le sourire de maman, les caresses de maman sur le bras, le sourire de Zita, les caresses de Zita sur le bras. Les visages de ma mère et de la petite fille se confondaient, elles me manquaient tant, Zita avait su combler le déficit d'amour que je ressentais à l'orphelinat. Il ne fallait pas que j'oublie leurs traits, c'est pourquoi je m'efforçais de visualiser leurs visages plusieurs fois par jour, je les emportais avec moi partout. Chaque fois que j'ouvrais les yeux, Robert m'offrait un sourire généreux et bienveillant. Je ne comprenais pas tout ce qui m'arrivait depuis ma sortie de l'orphelinat, mais cet homme aux yeux clairs m'incluait dans sa vie, j'étais de moins en moins sur mes gardes. Je plongeais cette fois dans un sommeil profond et réparateur. Sans cauchemar, sans heurt.

DEUXIÈME PARTIE

REVIVRE

– 1 –

– Mugisha Mugisha, réveille-toi… Nous sommes arrivés.

La bouche un peu pâteuse, le corps engourdi, je fixais Robert. L'avion était arrêté, je n'avais rien senti de la descente, ni de l'atterrissage qui me faisait si peur. Le voyage que je redoutais s'était donc passé en douceur. Par le hublot, je découvrais le bitume gris, le ciel gris, des bâtiments gris. Je me réveillais dans une autre galaxie. Nous sommes sortis de l'avion, avons traversé de longs couloirs, les gens étaient presque tous blancs, je n'avais jamais vu autant de Blancs dans ma courte existence. J'avais l'impression que tout le monde me regardait, que j'étais une curiosité pour eux avec ma jambe coupée, mes béquilles, et ma peau toute noire. Leurs yeux pleins de compassion et d'interrogations se posaient sur les miens craintifs. Chaque fois que nous croisions des voyageurs, ils me souriaient. Moi, je ne voyais que leurs dents, j'étais obsédé par leurs dents, je craignais encore qu'ils me dévorent ; je me collais à Robert, de peur que l'un d'entre eux ne m'enlève. Nous avons attendu longtemps dans un grand hall, devant un tapis roulant où des valises défilaient. Je comptais les bagages qui passaient devant nous.

À côté de nous, une mère n'arrêtait pas de pester contre son fils qui cherchait à monter sur le tapis roulant. Le gamin, qui devait avoir à peu près le même âge que moi, courait autour du tapis en criant. Sa mère a fini par l'attraper par le bras et lui coller une tape sur les fesses. Il est resté calme à peine cinq minutes avant de se remettre à jouer. Il était très remuant. Il s'amusait à sauter à cloche-pied devant moi, comme pour me narguer. Il me défiait du regard. Robert me faisait non de la tête, comme s'il avait compris que j'avais envie de donner une bonne leçon à l'insolent. Mais j'avais mon idée derrière la tête. Plutôt que de répliquer par les poings, j'ai commencé à courir avec mes béquilles, pour lui montrer ma force. Le gosse s'est aussitôt arrêté de chahuter. Sa mère était estomaquée et un peu honteuse. Je savourai ma victoire.

Nos bagages sont enfin arrivés, Robert m'a alors donné la permission de grimper sur le chariot et de m'asseoir sur les valises. J'étais tout fier. Nous étions déjà complices Robert et moi.

La porte vitrée du hall des arrivées s'est ouverte, des gens attendaient des voyageurs avec des panneaux, une jeune femme s'est jetée dans les bras d'un homme pour l'embrasser avec fougue. J'ai trouvé cela magnifique autant d'amour. J'ai alors tenté de me souvenir de mon père et de ma mère ensemble, tout était flou dans ma tête. S'étaient-ils un jour embrassés de cette façon devant moi ? Je me persuadai que j'avais été témoin de leur amour, mais je n'en gardais aucune image. J'avais sept ans et je n'arrivais plus à visualiser mes parents ensemble. Je les perdais peu à peu. Leurs visages s'estompaient. Cela me peinait profondément.

– Mugisha, regarde, c'est Danielle là-bas !

Robert désignait des femmes souriantes, l'une d'elles s'est avancée vers moi.

– C'est Danielle, c'est ma femme, c'est ta maman…

La dame aux cheveux courts et au visage tout rond a déposé un baiser sur ma joue.

– Bienvenue en France, bienvenue chez toi, Mugisha.

Je ne savais pas comment réagir. Elle non plus ne semblait pas très à l'aise. Nous sommes allés chercher la voiture.

Robert conduisait. Je collais mon visage à la vitre. Ne perdant rien des nouveaux sites qui se révélaient à moi. Robert jetait des coups d'œil dans le rétroviseur pour observer mes réactions. Les paysages étaient plutôt tristes, des grandes tours, des barres d'immeubles bordant la route, je me sentais oppressé, puis le soleil s'est levé, les immeubles se sont peu à peu espacés, nous avons pris l'autoroute, il n'y avait plus que des grandes plaines et des champs. Nous étions très silencieux dans la voiture. Rien de ce que je voyais ne m'évoquait l'Afrique. Nous avons pris des petites routes ensuite, la campagne me rassurait – les arbres, les fermes –, je me suis décontracté. La dame aux cheveux courts osait quelques regards, elle avait l'air gentille. À un moment, elle s'est retournée.

– Ça va, Mugisha ? On est bientôt arrivés à la maison, ta nouvelle maison…

Danielle avait une voix tellement douce ! Je ne comprenais pas ce qu'elle me disait, mais j'acquiesçais. Je crois qu'elle était aussi intimidée que moi. J'ai vu des panneaux indiquant des noms de villes, Valence, Montélimar… Puis Robert a ralenti à l'approche d'un petit village aux pierres ocre et aux toits orange. À l'entrée était écrit « Bonlieu-sur-Roubion ». Nous avons traversé le village, il y avait une jolie église, des petites rues, des jardins. Cela me plaisait bien. Nous nous sommes un peu éloignés du bourg, pour nous engager dans un hameau avec des pavillons tous identiques. Robert s'est garé devant une maison avec des volets verts. Plusieurs personnes nous attendaient, des adultes, ceux qui allaient devenir mes oncles et tantes, un couple et un petit garçon, noir, comme moi !

L'enfant s'est rué sur Robert.

– Papa, papa ! Tu m'as tellement manqué papa !

J'étais stupéfait. Le garçon noir parlait français, et Robert était son père ! Robert a alors fait les présentations :

– Julien, voilà Mugisha. Mugisha, voilà Julien, ton frère.

Frère, j'ai tout de suite compris ce mot, j'avais eu un frère, mais il était mort durant le génocide quatre ans auparavant.

Nous sommes entrés dans la maison.

Il y avait des meubles en bois, un grand canapé en cuir, des tables, de grandes plantes vertes. Une cuisine donnant sur le jardin. Une vitrine de figurines de chars et de petits soldats. Danielle a porté ma valise jusqu'à une chambre, il y avait des jouets partout, des Lego, des billes, des petites voitures, au mur des posters de joueurs de foot, deux lits impeccablement faits.

– C'est la chambre de Julien et maintenant la tienne aussi.

Danielle m'a laissé découvrir les lieux.

Je me suis assis sur le lit, il était encore plus confortable que celui de l'hôtel à Bujumbura. Par la fenêtre j'ai repéré le jardin, avec un portique et une balançoire. J'ai aussitôt voulu aller voir cela de plus près. Danielle, Robert et Julien m'ont accompagné dehors, le portique était au fond du jardin, et, derrière le grillage, il y avait un petit sentier. Cet environnement me rappelait un peu mon village au Burundi. J'ai foncé sur le portique, auquel je me suis suspendu, et j'ai enchaîné les acrobaties. Danielle avait l'air surpris de ma souplesse et ma dextérité. Je faisais le cochon pendu avec une seule jambe.

– Je te l'avais dit, Danielle, que notre Mugisha était intrépide !

Tout le monde a éclaté de rire. J'avais compris que je les amusais.

Je suis resté presque toute la fin de l'après-midi à jouer sur le portique. Julien m'observait, nous n'osions pas encore jouer ensemble. Les adultes nous avaient laissés, mais j'apercevais Danielle qui gardait un œil sur nous depuis la cuisine. Puis elle a ouvert la fenêtre et crié :

– À table !

Julien s'est alors empressé de rentrer dans la maison, me laissant seul sur mon portique.

Robert est venu me chercher dans le jardin, je l'ai suivi jusqu'au salon. Danielle avait disposé des pizzas sur la table basse. Je me suis installé dans le canapé tout contre Robert. J'ai dévoré plusieurs parts de pizza, c'était une vraie découverte pour moi. Je demeurais silencieux, tout le monde riait joyeusement. J'oscillais entre le soulagement d'être accueilli dans une famille chaleureuse et la crainte qu'il m'arrive quelque chose de douloureux. J'étais partagé entre l'envie de me détendre totalement, de me laisser aller à ce bien-être nouveau et un sentiment persistant de n'être qu'une pièce rapportée dans cette drôle de famille. Je savourais mes pizzas, souriais poliment, mais restais en retrait. Je n'étais que de passage ici, je rentrerais au Burundi avec une nouvelle jambe et je retrouverais enfin mon père après toutes ses années.

Danielle, assise en face de moi, cherchait à déchiffrer mes intentions dans mes yeux. Elle était tout aussi impressionnée que moi. Si la langue était encore une barrière entre nous, nous communiquions par le regard. Elle semblait me dire : « Prends ton temps, petit, ne précipite pas les choses. Nous avons tout le temps d'apprendre à nous connaître. » J'ai compris à cet instant qu'elle serait ma maman, ma nouvelle maman, j'ai lu dans ses yeux qu'elle allait m'aider, qu'elle serait à mes côtés toujours, et pourtant je croyais que j'allais repartir.

*

Le vent chaud balaie mon dos. La piste est brûlante. J'enchaîne les sprints avec facilité. La piste d'athlétisme du Flamingo Park Stadium est vide aujourd'hui. Il y a quelques curieux aux abords du stade, ils se protègent à l'ombre des palmiers. J'ai étalé sur le tartan mon attirail d'entraînement, je vais changer ma prothèse de sprint pour celle de saut dont la lame est plus longue. Pas question de sauter avec celle de course, ma prothèse de saut en longueur est trois centimètres plus longue que ma jambe valide, ce qui provoque un décalage. Cela me donne une démarche et une course asymétriques. Lors de ma course d'élan, je griffe le sol avec le pied gauche et je pistonne avec la prothèse, je frappe le sol de haut en bas. À la différence d'un athlète valide, beaucoup de paramètres entrent en ligne de compte pour qu'un sportif handisport obtienne de bonnes performances. La prothèse ne nous met pas à égalité avec les sportifs valides. Nous devons nous entraîner davantage, les gestes pour nous ne sont pas naturels, les sensations sont incomparables. Si les prothèses sont un prolongement de notre corps, il y a toujours quelque chose qui nous dépasse, de l'ordre de la mécanique.

J'ai participé à des compétitions avec des valides lorsque j'étais plus jeune, dans des championnats juniors, au niveau national et international, la question gêne encore et cristallise bien des polémiques. En 2017, j'ai tenté de m'inscrire avec mon club de l'époque, le Nice Côte d'Azur athlétisme, pour le premier tour des championnats de France interclubs Élite. La Fédération française d'athlétisme m'a recalé sous prétexte que je suis amputé et que je cours avec une prothèse, ce qui est profondément discriminatoire. C'était un rêve pour moi d'affronter le plus grand niveau français. Ne pas en avoir le droit est une injustice. Rien, dans les règlements nationaux, n'interdit la participation d'un athlète amputé aux compétitions des valides, mais rien ne l'y autorise non plus, il y a un vide qui doit être comblé. Mais la Fédération, choisissant de s'aligner sur les règlements européens et mondiaux, a avancé que m'autoriser à y participer relevait du fait du prince. Cette décision s'appuyait sur un argument absurde : les prothèses nous favoriseraient par rapport aux athlètes valides ! Être handicapé serait donc considéré comme un atout. L'IAAF (Association internationale des fédérations d'athlétisme) a introduit cette interdiction en 2015, suite à la demande du sauteur en longueur allemand Markus Rehm, double champion, du monde et olympique (il saute désormais à 8,62 mètres, le record du monde !), de participer aux Jeux de Rio avec les valides, alors qu'Oscar Pistorius avait pu concourir aux Jeux olympiques de Londres en 2012.

Je connais Markus depuis quinze ans, et je me suis entraîné pendant plusieurs semaines en Allemagne avec lui, il m'a fait partager son expérience auprès de sa coach Steffi Nerius, grande championne de lancer du javelot. Elle a mis au point un entraînement qui mêle les techniques du javelot et du bon usage de la prothèse. Markus et Steffi m'ont fait prendre conscience qu'il fallait des prothèses différentes pour le saut et les courses. Sur la piste, nous étions concurrents mais cela n'a pas empêché Markus de me révéler ses secrets.

J'ai participé avec lui et un autre grand champion de saut en longueur, Jeff Henderson, à des tests scientifiques au Japon. Réalisée en collaboration avec des instituts du Colorado et de Tokyo, l'étude concluait qu'il était « difficile, si ce n'est impossible », de déterminer si nous, athlètes paralympiques, bénéficions d'un avantage grâce à nos prothèses lorsque nous concourions contre des valides. En revanche, il est certain que la lame est un désavantage sur la course d'élan, mais peut-être un bonus sur l'impulsion. Par ailleurs, les sportifs qui courent avec une lame de course mettent un certain temps à atteindre leur vitesse maximale. Lors du départ, la vitesse et l'impact du sportif sont insuffisants pour déformer la lame carbone. De plus, la dépense énergétique dans les premières foulées est très importante. Avec la vitesse qui augmente, le sportif accroît la charge et le poids sur la lame, qui alors se déforme et finit par effectuer son travail de restitution.

La prothèse ne fait pas tout, nous avons beaucoup plus de paramètres à travailler que les valides. Il est inconcevable pour moi de considérer qu'avoir une lame compense le fait d'être amputé, que le handicap soit une aide. Lorsqu'en 2017, la Fédération française d'athlétisme a rendu sa décision de m'interdire de concourir avec les valides, j'ai fait part de ma colère sur les réseaux sociaux et dans les médias, les dirigeants n'ont guère apprécié et ont pris cela pour une provocation. Il faudrait que les valides y mettent un peu du leur, qu'ils soient solidaires de notre combat, qu'ils envoient un message fort aux instances dirigeantes. Sans le soutien des valides, nous ne serons jamais respectés, sans les valides nous resterons invisibles. Et les héros ne doivent pas rester dans l'ombre, les héros ont droit à leur part de lumière.

– 2 –

J'avais du mal à trouver le sommeil. Julien dormait déjà profondément dans le lit voisin. J'entendais sa respiration calme, son souffle un peu rauque, comme celui d'un petit animal. J'avais les yeux grands ouverts, je n'arrivais pas à les fermer, pourtant le voyage et l'arrivée à Bonlieu avaient été chargés en émotions. Je n'avais que sept ans et je voyais défiler ma vie, encore et toujours la scène du massacre, la tête de maman qui roule par terre, les cris, le feu, le sang, l'hôpital, ma jambe à la poubelle, les rires de Marius et Zita, les pleurs des enfants de l'orphelinat, ma courte existence était marquée du sceau du manque de tendresse et d'amour. Ces gens, Danielle et Robert, semblaient disposés à m'en donner à foison. Même si je repartais au Burundi il fallait que j'en profite, que je redécouvre ce que signifiait être aimé. Quand je fermais les yeux, je voyais le lion à la patte pleine de sang. Mais je n'avais plus peur de lui. J'avais l'impression qu'il était là avec moi dans cette chambre en France, à des milliers de kilomètres de la terre rouge de mes blessures qui ne me quittaient jamais. Le fauve ne me faisait plus peur, il fallait que je m'en fasse un allié. J'ai ouvert les yeux et je l'affrontais du regard, il était là dans cette chambre il me fixait longuement. Sa tête était splendide, sa crinière dorée, majestueuse. Je voulais le serrer fort contre moi, m'enfouir dans son pelage roux, je tendais les bras vers lui, mais il avait déjà disparu. Je tournai la tête vers Julien, il était réveillé aussi. En kirundi, je lui dis : « Tu l'as vu toi aussi le lion ? » Julien ne réagit pas. Je répétai ma question. Il demeura silencieux. Il était noir comme moi, africain comme moi, mais on ne parlait pas la même langue. Je me raisonnai : il ne pouvait pas avoir vu le lion, personne d'autre que moi ne voyait le lion, le lion était en moi.

Le lion était ma rage, je devais puiser en lui la force de continuer à vivre. Je n'étais qu'un enfant mais un lion m'habitait, ce lion devrait me porter loin, si j'avais survécu à la fureur des hommes c'est parce que je devais accomplir de grandes choses.

Le lendemain, je me suis réveillé seul dans la chambre. Julien était déjà levé, j'entendais des rires dans la maison. C'était nouveau pour moi. Que fallait-il faire ? Me lever ? Attendre que l'on vienne me chercher ? Aller me laver avant de me présenter aux autres ? Je ne connaissais rien des habitudes de la maison, je ne savais pas me comporter au sein d'une vraie famille. Je demeurai assis sur le lit, traversé par de multiples questionnements. Robert a fini par venir me chercher. Il s'est assis à côté de moi sur le lit.

– Tu as bien dormi mon garçon ? Tu as faim ?

Il accompagnait ces questions de gestes que je comprenais. Je hochai la tête et le suivis dans la cuisine. Julien était attablé devant un chocolat chaud, il y avait des céréales sur la table, avec un tigre sur la boîte. Je repensai au lion de mes nuits. Julien a pris la boîte de céréales, il a commencé à jouer avec et à rugir, nous étions deux petits fauves, cela m'amusait au fond. J'ai pris place à la table du petit déjeuner et j'ai bu le premier chocolat chaud de ma vie. C'était onctueux et sucré. Je savourais cet instant. Danielle est venue déposer un baiser de bonjour sur mon front. Julien et les parents discutaient, j'essayais de saisir quelques mots au rebond, j'entendis « bricolage », « pêche », « cabane », « aujourd'hui ». Je n'avais pas accès à leurs paroles, j'étais spectateur de leur quotidien, ça m'allait bien.

Robert m'a tapoté l'épaule.

– Viens, on y va.

J'ai passé une première journée formidable, avec Robert au bord de la rivière. Il m'a appris à attraper des poissons avec une canne à pêche. Il me parlait très peu, ça m'allait bien. Il faisait chaud, le soleil tapait, je retrouvais des sensations du pays. J'avais d'abord observé comment Robert faisait, comment il lançait la ligne avec le leurre, remontait le moulinet, le plus souvent sans poisson. J'admirais sa patience, moi qui étais un gamin remuant cette activité m'apaisait. Et puis, cela me permettait de passer du temps avec Robert, j'étais bien en sa compagnie. Il sifflotait, je lançais des pierres dans la rivière, je réussissais quelques ricochets tandis qu'il remontait de temps en temps une truite en souriant. Il m'en a collé une belle entre les mains, épaisse, grise tachetée de noir. Je n'ai pas aimé voir l'appât planté dans sa bouche, le sang autour, ni le contact avec sa peau gluante de poisson. La truite qui frétillait encore a glissé de ma main, elle est tombée à mes pieds. J'ai poussé un cri. Je pensais avoir fait une bêtise, incapable que j'étais de me baisser pour ramasser le poisson qui tentait de retourner à l'eau. Robert l'a saisie puis m'a fait signe qu'il allait la relâcher. J'ai hoché la tête. Il a retiré l'appât et rendu la liberté à la truite. J'ai trouvé son geste magnifique. Nous sommes rentrés encore plus complices de cette partie de pêche. Le soir à la maison, je n'ai pas eu de mal à trouver le sommeil. Robert a passé la tête dans la chambre pour vérifier que tout allait bien.

– Bonne nuit, Mugisha…

Sans aucune hésitation, j'ai répondu :

– Bonne nuit, papa.

*

Robert Alaize est aujourd'hui en fauteuil roulant, c'est un survivant comme moi. Nous n'avons eu aucun mal à nous connecter lorsque j'étais enfant. D'une certaine manière, nous nous sommes tout de suite reconnus. Sans parler la même langue, nous nous comprenions. Il avait perdu ses jambes, il avait été amputé exactement au même endroit que moi, au-dessus du tibia. Quand les Alaize ont été appelés par l'association belge spécialisée dans l'adoption, on leur avait expliqué que j'étais amputé et que leur dossier correspondait bien à mon histoire, ils ont tout suite accepté. Nous étions destinés à nous retrouver. C'était comme une évidence. La situation en 1997 était encore tendue au Burundi, Robert a bravé le danger pour venir me chercher en pleine guerre civile. J'ai appris plus tard qu'il avait dû obtenir l'aval du ministère des Affaires étrangères pour venir et devait appeler tous les jours le consulat de France pour donner des nouvelles et rassurer sur sa sécurité. Cet homme a pris des risques pour moi, par amour, alors que l'on ne se connaissait même pas. Je lui en serai toute ma vie reconnaissant, et bien plus encore.

Robert a perdu ses jambes dans un accident de la route alors qu'il était à l'armée. Il dit qu'il doit tout à l'armée, que c'est là-bas qu'il a appris à vivre avec les autres, malgré les différences, à lutter contre l'intolérance et le racisme. Il dit que là-bas il n'y a pas de grands discours sur la solidarité, qu'elle s'y vérifie dans les actes. Ces valeurs profondément humanistes, il les a découvertes sur le terrain, dans l'effort, les marches et les courses à la dure, l'apprentissage des armes, l'importance de protéger son camarade en cas d'attaque, se lever très tôt le matin, être toujours prêt à agir, penser au collectif. Robert avait la responsabilité des transports, c'est lors d'une manœuvre avec un camion qu'il a mal négocié un virage pour s'en sortir grièvement blessé.

J'ai mis peu de temps à l'appeler papa, même si j'ai espéré encore quelques mois retrouver un jour mon vrai père, je refusais d'admettre que ce dernier m'avait confié à l'adoption. Mais c'est Robert qui m'a élevé, Robert qui m'a appris à bricoler, à jardiner, à aimer la nature, à être poli en toute circonstance, à respecter les autres dans leurs différences. Robert m'a appris à devenir un homme, au sens noble du terme.

– 3 –

J'étais debout sur la balançoire. Je poussais fort sur ma jambe, et j'arrivais avec le poids de mon corps à me hisser haut dans le ciel. J'imaginais que je m'envolais, avec les oiseaux multicolores des collines de mon enfance. Je passais beaucoup de temps sur cette balançoire. Ou alors je jouais aux billes avec Julien devant la maison. Je le battais chaque fois. À l'orphelinat, j'étais champion aux billes, rares jouets dont nous disposions. Chez mes parents, nous regardions très peu la télévision, pourtant je n'en avais jamais eu auparavant. Je me sentais mieux dehors, dans le jardin. J'avais besoin de me défouler, besoin d'espace.

– Salut…

J'ai entendu une voix d'enfant, ce n'était pas celle de Julien.

– Eh, salut !

De l'autre côté de la clôture, se tenait un petit garçon. Il devait avoir mon âge.

– Je peux jouer avec toi ?

C'est bien à moi que l'enfant s'adressait.

Je suis descendu de la balançoire et suis allé le retrouver. Nous nous sommes observés longtemps sans parler. Il était tout brun, avec une bouille ronde et un franc sourire. Puis il a engagé la conversation.

– Moi, c'est Charlie… Et toi ?

– Mugisha…

– Tu veux être mon ami, Mugisha ?

Charlie est parti en courant, et je l'ai vu débouler devant le portail de chez moi. Julien a couru lui ouvrir.

– Salut Charlie, tu veux jouer avec Mugisha ? Entre, c'est une bonne idée.

Charlie est venu me rejoindre, il est resté stupéfait devant ma jambe coupée.

– Oh… mais qu'est-ce qui t'es arrivé ?

Il désignait ma jambe. Je haussais les épaules.

– Julien, il ne parle pas du tout français, ton frère ?

– Non, comme moi au début, mais ça viendra… Je ne sais pas ce qui lui est arrivé. Mais tu vas voir, il est super fort, il fait plein de trucs ! Foot, vélo, balançoire… Tu peux même faire la course avec lui et tu perdras chaque fois !

Charlie m'a pris par la main, et je l'ai suivi chez lui, il a sorti un vélo de son garage.

– Tu as un vélo, toi ? Oui ?

– Oui…

– Va le chercher, alors.

Charlie m'attendait devant la maison. Les Alaize m'autorisaient à faire du vélo dans le lotissement, il y avait très peu de voitures, tout le monde se connaissait, c'était l'idéal pour laisser jouer les enfants du coin.

– Mais comment tu fais pour pédaler que sur une jambe ?

Charlie montrait le vélo, puis ma jambe. J'ai compris qu'il se posait des questions sur ma capacité à pédaler.

Je me suis mis en selle, j'ai appuyé sur la pédale de gauche, et j'ai démarré. J'ai roulé doucement d'abord, Charlie était alors à côté de moi, puis j'ai accéléré, j'ai foncé jusqu'au bout du lotissement. Charlie a eu du mal à me rattraper.

– Whaou, tu vas super vite ! T'es incroyable, toi !

Nous avons pédalé en riant jusqu'au club de motocross. Il n'y avait personne. Charlie s'est engagé en premier. Je le voyais dévaler les collines, faire des figures au-dessus des bosses.

– Allez, Mugisha, à toi, tu peux le faire !

J'ai évalué le terrain, puis après avoir pris une grande inspiration, je me suis élancé. J'ai tout de suite senti monter en moi l'adrénaline, j'ai enchaîné les acrobaties, comme sur la balançoire j'avais l'impression de voler, j'oubliais les souffrances, les cauchemars, j'étais empli de vie, je me sentais libre et fort.

– Bravo, Mugisha ! Tu es un superhéros !

Nous avons passé deux bonnes heures à nous éclater avec nos vélos.

Sur le chemin du retour, Charlie chantait à tue-tête, je ne comprenais rien aux paroles :

– Je ne reconnais plus personne en Harley Davidson !

Et il imitait le bruit d'une moto.

En arrivant à la maison, nous avons déposé les vélos sur la pelouse et foncé dans la cuisine.

– Ah, bonjour Charlie ! Ça y est, tu es copain avec Mugisha, c'est bien.

Danielle nous a préparé un énorme goûter. J'avais une soif inextinguible.

En fin d'après-midi, nous sommes allés dans ma chambre. J'ai montré à Charlie mes figurines, mon Goldorak dont j'étais si fier. Charlie n'avait pas envie de rentrer chez lui. J'étais fatigué, j'avais des courbatures. Je me suis assis sur mon lit, le dos contre le mur. J'avais du mal à cacher ma douleur. Charlie a fait de même. Il m'a dit en montrant ma cuisse :

– Tu as mal, là ?

– Oui…

Charlie a alors approché sa main de mon moignon.

– Je peux ?

Et il m'a massé pour me soulager.

– Elle est belle ta couleur de peau, tu sais.

À cet instant, j'ai su que j'avais gagné un ami pour la vie.

*

Je ne vois pas ma jambe comme absente, je ne la pense même pas, son absence est pour moi absente, totalement invisible, je suis comme je suis, comme tout le monde, alors je fais avec. C'est la même chose avec mes amis, ils parlent bien plus de mon caractère bien trempé, de ma ténacité, de mes coups de gueule, que de mon handicap. Les gens qui ont deux jambes ne peuvent s'empêcher d'imaginer le handicap comme un manque, alors ils s'inquiètent, surtout pour eux finalement, plus que pour moi. Cela ne sert à rien de s'inquiéter pour moi, je fais comme tout le monde avec le corps que j'ai, et ça ne va pas si mal.

À Miami, je suis loin de mes amis. Trop loin, ils me manquent. Charlie est comme un frère pour moi, il me connaît presque mieux que Julien. Il m'a connu sans ma prothèse, ne m'a jamais considéré comme un handicapé, je ne me suis jamais senti rabaissé en sa présence. Il a vécu de plein fouet toute la période de ma rééducation après ma deuxième opération et l'apprentissage du quotidien avec ma prothèse. Jamais il ne m'a déçu ou trahi, c'était mon compagnon de jeux, de rire, nous sommes partis ensemble en colonie, nous avons pratiqué presque tous les sports ensemble, vibré pour les mêmes filles, nous étions inséparables. C'est lui qui m'a fait découvrir l'équitation, sport que j'ai pratiqué à haut niveau au début de mon adolescence. Il ne m'a jamais posé de questions sur mon vécu, nous avons attendu l'adolescence pour que je lui raconte mon histoire en Afrique. Il n'a fait aucun commentaire à l'écoute de mon récit. Je lui fais une confiance aveugle.

Et puis, il y a Gautier. Gautier Simounet a été mon premier coach en équipe de France, je le connais depuis mon entrée à l'Insep (Institut national du sport, de l'expertise et de la performance). Gautier était un immense athlète avant d'être entraîneur. Bien que valide, il est devenu très vite coach pour les handisports et depuis 2007 il est guide pour les athlètes déficients visuels. Il a fait un travail incroyable avec les sportifs aveugles Timothée Adolphe et Assia El Hannouni, double championne paralympique à Londres en 2012 en 200 mètres et 400 mètres. Au-delà de son rôle d'entraîneur, il m'a énormément apporté. Une amitié s'est vite nouée entre nous, il était le meilleur pour m'aider à évacuer le stress la veille des compétitions. Il est africain à l'intérieur, il aime la même culture que moi, notamment le hip hop. Il m'a aidé à me faire à la vie parisienne. Quand je fais des conneries, il est là pour me remettre d'aplomb, comme le ferait un grand frère.

C'est lui qui m'a fait découvrir les États-Unis et qui m'a amené à Miami la première fois. Et lorsque je suis retourné au Burundi en 2013, je lui ai tout naturellement demandé de m'accompagner, afin de gérer le trop-plein d'émotions qui risquait de m'envahir.

Si je continue aujourd'hui à tenter de battre des records, c'est en partie grâce à lui. Je me suis fait une promesse : battre un jour son record en saut en longueur, et ses 7,40 mètres. J'ai peu d'amis, mais ceux qui restent à mes côtés sont mes plus précieux alliés dans mon combat contre l'intolérance. Grâce à eux, je retrouve foi en l'humanité.

– 4 –

Je tremblais. Je ne pouvais pas m'en empêcher. J'entendais les cris, les pétards, les rires et les chants dans la rue. L'après-midi, j'avais couru au portail, j'avais vu des chars de guerre, des militaires. Charlie m'avait dit que c'était le 14 juillet, et qu'en France, c'était la fête, qu'il ne fallait pas avoir peur. Toute la journée, j'ai été tendu, essayant de jouer avec des sauterelles pour oublier mon angoisse. Tout ce qui pouvait évoquer la guerre me rendait craintif, triste. J'ai trouvé refuge en fin de journée dans la cabane que j'avais construite avec Charlie au fond du jardin. Je ne voulais pas en sortir. Le soir, les gens ont fait la fête dans les rues, tiré des feux d'artifice. Cette liesse m'effrayait, ravivait mes cicatrices, je revivais l'arrivée des Hutus fous de rage dans mon village. Je ne voulais pas venir dîner, je n'avais pas d'appétit, je voulais qu'on me laisse tout seul. J'étais terrorisé.

J'avais beau tenter de me raisonner, nous étions en France, un pays en paix, j'étais persuadé que des gens allaient débouler dans la maison pour tous nous tuer. Que, cette fois, je n'en sortirais pas vivant. J'avais passé toute cette journée de fête nationale rongé par une peur incontrôlable. C'était effroyable. Charlie, tout comme les Alaize, étaient démunis face à cela. Je demeurais mutique, j'avais conscience de ne pas les aider à me comprendre.

Danielle et Robert s'étaient habitués à ces moments où je me murais dans le silence, où je n'arrivais pas à les regarder en face, où je n'étais pas là avec eux dans un village du sud de la France bercé par le mistral, mais bien avec ma famille juste avant le massacre. Danielle en passait des nuits depuis mon arrivée, à mon chevet, à essayer d'apaiser mes terreurs nocturnes, à essuyer mon front trempé de sueur ! Elle avait même arrêté de travailler à l'hôpital où elle était aide-soignante pour s'occuper de moi. Julien était jaloux du temps qu'elle m'octroyait, de la tendresse dont elle faisait preuve à mon égard, je voyais bien comment il me regardait, il voyait en moi un rival. Quelque part je lui volais un peu sa maman. Je ne pouvais pas lui en vouloir. Et puis, il devait en avoir marre de mes cris la nuit. Il prenait sur lui, me tourmentait dans nos jeux, quand nous jouions aux cowboys et aux Indiens, j'étais toujours l'Indien qu'il attachait, parfois il m'enfermait dans le placard. Moi, j'attendais que cela se passe. Cela ne servait à rien de crier ou de pleurer.

Ce soir de fête nationale, je me suis blotti contre mon édredon, je l'ai serré fort pour contenir ma rage, pour étouffer mes peurs, tout comme j'y étouffais mes larmes. Je fermais les yeux, et la machine à cauchemars s'enclenchait à nouveau. Cette nuit-là j'ai revu une fois de plus dans le détail la décapitation de maman…

Mes propres hurlements m'ont réveillé, ils étaient tellement impressionnants que Julien en pleurait également. Danielle est arrivée toute paniquée dans la chambre, elle a embrassé et bordé Julien, puis s'est allongée à côté de moi, m'a enlacé, et bercé comme jamais personne ne m'avait bercé auparavant. Je n'étais pas très tendre depuis mon arrivée, malgré tout cette femme me donnait de l'amour sans compter. Seule une mère était capable de pareil don. Cette nuit-là je m'endormis dans les bras de ma nouvelle maman. J'avais une maman, et rien ne pourrait nous séparer. Je me suis juré que je la protégerais comme elle me protégeait.

*

Je parle très souvent à ma mère adoptive. Même si je suis loin d'elle aujourd'hui. Depuis mon appartement de Miami, je veille sur elle. Elle continue de s'occuper d'enfants en difficulté, je vois bien qu'elle fatigue, mais jamais il ne lui viendrait à l'idée d'arrêter ou de laisser tomber ces adolescents qu'elle a connus bébés, pour certains, ce serait les trahir. Elle n'est pas leur mère, ni leur mère adoptive, elle a deux fils, Julien et moi, ses deux petits Africains, mais je suis sûr que ces enfants la considèrent comme telle. Danielle est une femme admirable de courage, aimante, généreuse, travailleuse, toujours à l'écoute. Elle me raconte souvent mon arrivée dans sa vie. Je ne crois pas la trahir en partageant ici son récit :

« *Quand tu es arrivé, j'avais plus peur que toi, je crois. Dans la voiture, je n'osais pas trop te regarder, j'étais pressée de te montrer ta nouvelle maison. J'étais impatiente et tellement heureuse ! Tu le sais parce que je te l'ai déjà dit de nombreuses fois, mais, adopter, c'est comme enfanter. Il n'y a pas moins d'amour, moins d'attente, moins d'émotion. Ça, c'est le temps que nous avons vécu ensemble après ton arrivée, les mois qui ont suivi ton arrivée ici. On avait décidé de t'adopter depuis tellement longtemps. Tu sais ce que c'est d'attendre son enfant pendant trois ans… C'est plus long qu'une grossesse… quatre fois plus long. Tu ne disais que quelques mots. Tu restais en retrait tout en étant à la fois peureux et très joyeux. Ton caractère… ah ça… quel caractère ! Ça se voyait tout de suite, ta force sur tes béquilles, ta détermination, ta tête dure, mais ta gentillesse et tes petites blagues… Tu as toujours adoré faire des blagues. Tu es entré dans la famille tout de suite, tranquillement, en restant toujours un peu secret… les moments difficiles ? Les nuits… ah ça. Les nuits que j'ai pu passer à côté de toi… j'avais peur pour toi. Peur de ne pas réussir à t'accueillir comme tu le méritais. »*

À aucun moment je n'ai douté de l'amour de cette femme pour moi, me soutenant toujours dans mes choix, autant dans les victoires que les échecs. C'est elle qui a œuvré pour m'accompagner au Burundi en 2013, qui a contacté mes sœurs qui me croyaient mort. C'était dangereux pour elle, elle aurait pu me perdre dans ces retrouvailles. Aujourd'hui ma vraie famille, ce sont les Alaize. Jamais, je ne pourrais les rejeter au profit d'une autre famille, après tout l'amour qu'ils m'ont donné et les sacrifices qu'ils ont faits pour moi.

Je n'ai pas toujours été facile avec eux. Je suis devenu tendre et tactile avec le temps, à l'adolescence ; enfant, c'était plus difficile pour moi, j'étais un peu sauvage et surtout très indépendant. Plusieurs mois après mon arrivée, j'étais encore bloqué, je n'arrivais pas à parler français, certain que j'allais retourner en Afrique ; je ne voyais donc toujours pas l'utilité d'apprendre une langue qui ne me servirait à rien par la suite. Danielle me lisait des histoires le soir en français, j'écoutais bien en classe, je faisais en sorte d'être le plus discret possible, je ne voulais pas attirer l'attention sur moi, mais rien n'y faisait, la langue était verrouillée. Je suis allé voir une psychologue pour m'aider, après trois ou quatre séances nous avons décidé d'arrêter, je ne voyais pas bien l'intérêt de faire des dessins et du coloriage. J'étais heureux pourtant, mais je pensais vraiment que j'étais de passage à Bonlieu, que je vivais une parenthèse enchantée chez les Alaize avant de retrouver mon vrai père. En France, mes parents m'apprenaient à devenir un être meilleur. Danielle disait : « Petit, va falloir apprendre à vivre avec le futur, pas avec le passé, pas même avec le présent. » Mais je ne cessais de répéter : « Pour moi, maman, le futur, c'est la mort. Je vis au jour au jour, je suis un survivant, je ne peux pas faire autrement. »

Maman s'inquiète toujours pour moi. Je ne vois pas pourquoi, j'ai vécu le pire au début de ma vie, rien de plus terrible ne peut m'arriver. Je ne pouvais pas tomber dans meilleure famille, certes nous n'avons pas le même sang dans les veines, mais c'est ma famille de cœur, elle m'était prédestinée, je leur dois le meilleur, puisqu'ils m'ont donné le meilleur. Certains sont nés sous une bonne étoile, moi, j'ai l'impression d'être protégé par quatre étoiles, mes parents adoptifs et mes parents disparus au Burundi.

– 5 –

Les oiseaux chantaient, autant que la rivière. C'était très apaisant. Le printemps était magnifique. Mes parents avaient organisé un pique-nique avec une famille burundaise qui vivait dans la région. Nous nous étions installés en bordure d'une petite forêt, non loin de la rivière. J'étais ravi de voir des gens du pays, un couple d'une quarantaine d'années. Mis à part Julien, il s'agissait des premiers Africains que je voyais depuis mon arrivée en France. Je me sentais bien, rassuré. La femme s'était mise à chantonner une comptine en kirundi. Une chansonnette que l'on fredonnait le soir à l'orphelinat avec Zita et les autres enfants. Tout est remonté en un instant. L'odeur des massifs de bougainvilliers entourant l'orphelinat, la vie dans la ville morte en proie à la guerre civile, les enfants blessés, la détresse des regards, l'enfance trop vite confisquée. J'avais envie de pleurer. Je contenais mes larmes. Je m'interdisais de montrer mes failles, j'étais courageux et fort aux yeux des Alaize. La femme y mettait du cœur, elle me faisait des clins d'œil complices. Nous avons mangé un poulet, de la salade et des chips, puis au moment du dessert, le mari m'a fait signe. Robert m'a donné la permission de le suivre.

Nous avons d'abord marché en silence. Puis l'homme s'est mis à me poser des questions sur ce qui m'était arrivé au pays, lui aussi avait eu une partie de sa famille massacrée. L'entendre parler en kirundi me faisait un bien fou. Ma parole était verrouillée depuis des mois. Au début, j'ai eu du mal à trouver mes mots, j'ai bredouillé, mais une fois lancé, je n'ai plus pu m'arrêter. Là, dans cette forêt du sud de la France, j'ai raconté pour la première fois mon histoire, d'une traite. L'homme ne m'a pas interrompu une seule fois. La parole revenait, c'était vertigineux. À la fin de mon récit, j'étais comme vidé, mais soulagé. Je venais de découvrir les vertus de la parole.

– Et maintenant, Mugisha, tu te sens bien, ici, dans ta famille adoptive ?

– Oui, ils sont gentils, je les aime beaucoup…

– Alors pourquoi tu ne veux pas parler français avec eux ? Ils s'inquiètent, tu sais… Ce sont tes parents maintenant… Et puis, tu as compris que les Blancs ne mangent pas les enfants noirs !

J'ai éclaté de rire, ces croyances étaient désormais loin de mes préoccupations.

– Pour le moment, oui, mais tu sais que je vais bientôt retourner en Afrique, je suis ici seulement pour avoir une prothèse comme Robert, une nouvelle jambe, c'est uniquement pour cela... Après, je vais repartir.

L'homme s'est arrêté de marcher. Il m'a longtemps dévisagé avant de reprendre la discussion.

– Mugisha, tu sais, tu ne vas pas retourner au Burundi, enfin peut-être que tu y retourneras un jour, mais désormais tes parents, ce sont les Alaize, tu vas donc rester en France, ils t'aiment, et c'est très bien pour ton avenir. Ici, tu vas avoir une belle vie, apprendre plein de choses à l'école. Ici, tu es en sécurité et choyé.

J'étais sous le choc. Impossible de réagir. Je n'étais ni triste, ni en colère, ni déçu. J'étais tétanisé. D'un côté, j'avais du mal à intégrer l'idée de ne plus revoir le Burundi, de ne plus revoir mon père et, en même temps, je savais au fond de moi que c'était la bonne solution, que mon avenir était ici, que j'y recevrais plus d'amour et une meilleure éducation. Je suis resté un long moment, seul face à la rivière. D'un coup, je me suis senti libéré d'un poids. C'était une évidence, j'étais ici chez moi. Pourquoi refuser pareil bonheur ? J'étais bien dans ce village depuis plus d'un an, j'avais mon ami Charlie, j'avais un frère, j'avais des parents aimants. Pourquoi ne pas saisir cette chance ? Mon histoire s'écrirait en France.

Je suis retourné auprès des Alaize pour la fin du pique-nique. J'ai alors ressenti quelque chose de puissant, comme une pulsion de tendresse, une bouffée d'amour. Je me suis jeté dans les bras de Danielle. Elle a lu dans mon regard reconnaissant que quelque chose avait changé.

Ce jour-là, j'ai eu un déclic, une prise de conscience. Et d'un coup, tout s'est accéléré. Je me suis mis à apprendre le français, à être plus tendre avec ma famille. Les cauchemars s'espaçaient, mais venaient encore perturber certaines de mes nuits. Danielle était toujours présente à mon chevet pour me lire des histoires et apaiser mes peurs. Progressivement, j'ai réussi à lire tout seul, Danielle m'avait abonné à *J'aime lire*, je dévorais les *Tom-Tom et Nana*, tout en bloquant sur certains mots, sur certaines tournures. Souvent quand je faisais des erreurs de vocabulaire, que je butais sur des mots, j'allais bouder dans la cabane au fond du jardin, en traînant des pieds et en m'exclamant :

– C'est trop dur le français ! Pourquoi on ne prononce pas toutes les lettres ? Pourquoi il y a tant d'exceptions ?

Peu à peu, j'ai parlé français, j'ai pensé en français, j'ai même rêvé en français. Le kirundi s'est effacé, emportant avec lui une partie de mon identité.

Le 12 juillet 1998, j'ai eu un nouveau choc. Nous étions tous sur le canapé, devant du saucisson, des sodas, des chips, de la bière pour les adultes, à regarder la finale de la coupe du monde de foot. À chaque but, Robert et Julien bondissaient de joie, en même temps que les gens au stade de France. Moi, je regardais la scène entre malaise et amusement. Au troisième but, j'ai tout de même partagé leur joie. À la télé, on voyait la liesse populaire, les drapeaux dans les rues, *La Marseillaise* à tue-tête, les hurlements des Blacks-Blancs-Beurs. J'étais heureux, je me sentais français, mais quand les gens ont commencé à sortir dans la rue dans le lotissement, j'ai pris peur, comme l'année précédente avec la fête nationale. J'étais traversé de frissons, mon cœur se serrait, j'avais à nouveau un poids sur la poitrine. Je sentais l'angoisse me saisir. Il fallait que je prenne sur moi. Danielle a remarqué le tumulte en moi.

– C'est rien, Mugisha, c'est une fête, il ne faut pas avoir peur, c'est que de la joie tout ça !

Cette nuit-là, le lion est revenu me voir dans mon sommeil. Il a posé sa patte ensanglantée sur mon torse. Je me suis réveillé en sursaut et j'ai cherché les traces du lion sur ma peau. Il y avait une goutte de sang sur ma poitrine. Une fois de plus, en entendant mes cris, Danielle était accourue.

– Ce n'est rien, tu as dû te griffer en dormant, dors, Mugisha, dors mon petit.

*

Ce jour-là, j'ai compris quelque chose de vraiment spécial. Je venais d'un pays en guerre et quand j'ai vu tous ces drapeaux, ces cris et les rues pleines de fous furieux, j'avais à nouveau l'impression d'être dans un pays en guerre. Une guerre sans le sang. C'était profond en moi, cela faisait partie de mon identité. C'était rude à accepter, se construire sur ce que l'humanité propose de pire, et grandir en essayant d'être le meilleur. Mais passé l'effroi, j'avais aussi saisi l'incroyable pouvoir du sport, que la liesse pouvait être déclenchée par les performances des sportifs. Le sport révèle le meilleur de l'humanité. J'avais pris conscience du génie du sport qui provoquait des élans d'amour et de solidarité. Et tous ces joueurs de foot qui avaient la même couleur de peau que moi, ça vibrait au fond de moi : Marcel Desailly, Lilian Thuram, Patrick Vieira. Ils étaient noirs, français, et champions du monde. Une fois, j'ai dit dans une interview que j'étais arrivé en France le jour de la victoire des Bleus au mondial de foot, le 12 juillet 1998. C'est comme si la première année écoulée à Bonlieu avait été un trou noir pour moi.

– 6 –

J'avais la tête ailleurs. L'institutrice expliquait je ne sais quelle règle de grammaire dont les subtilités m'échappaient. Je regardais le ciel par la fenêtre. Je faisais des progrès de jour en jour à l'école, mais j'avais des problèmes de concentration, j'étais souvent dans mes pensées, j'écoutais, je faisais mes devoirs, poussé par maman, mais j'attendais avec impatience la fin de la classe pour aller faire les quatre cents coups avec Charlie et quelques copains du village. Nous construisions des cabanes, nous allions à la pêche, nous passions notre temps dehors sur nos vélos. C'était le paradis, une enfance bercée d'insouciance, même si mes démons me tourmentaient encore. J'avais de bons amis mais je souffrais un peu de ce que je ne savais pas encore qualifier de racisme. Dès qu'il y avait quelque chose de détérioré au village, on mettait cela sur le dos des « petits Noirs des Alaize », certains gosses me traitaient de « sale bamboula », ils répétaient bêtement ce que leurs parents disaient à la maison. Je ne leur en voulais pas, je laissais dire, je voulais être irréprochable. J'ai vite pris conscience de la nécessité de ne pas se faire remarquer quand on est différent. Les enfants sont cruels entre eux et ont l'insulte bête et méchante. Mais quand les adultes s'y mettaient aussi, cela m'atteignait.

J'étais dans une école catholique, tenue par des sœurs. L'une d'elles faisait des remontrances souvent méprisantes et, cet après-midi-là, elle avait dépassé les bornes. Le soleil m'éblouissait et m'empêchait de lire au tableau. J'ai levé la main et demandé poliment :

– Madame, est-ce que je peux fermer les rideaux, je ne vois rien ?

– Mais tu crois que, dans ton pays, ils ont des rideaux ? Alors tu peux bien faire un effort !

J'étais estomaqué.

Une religieuse censée porter le message du Christ, un message de paix, faisait preuve d'autant d'inhumanité et de bêtise, je ne comprenais pas. Je suivais des cours de catéchisme depuis quelques mois, je devais être baptisé et ensuite faire ma communion. Je ne savais pas si je croyais en Dieu. En fait, j'avais du mal à croire. Si Dieu existait, pourquoi aurait-il choisi de m'enlever ma mère dans de si atroces conditions ? Si Dieu existait pourquoi laisserait-il les hommes s'entretuer ? Et le comportement de la sœur ajoutait encore à mes doutes.

J'essayais cependant de chercher la connexion avec Dieu, le mercredi au catéchisme, à la maison quand on faisait la prière le soir. Mes parents m'avaient même emmené en pèlerinage à Lourdes, j'avais déposé un cierge dans la grotte de Bernadette en pensant à ma mère. Mais je n'ai jamais rencontré Dieu. Aujourd'hui, je crois au destin, que tout est écrit, que rien n'est laissé au hasard.

Je me souviens du jour de ma première communion et de mon baptême, pas pour la ferveur que j'ai ressentie, mais parce que ce jour-là Mugisha est devenu Jean-Baptiste.

– Julien, le prêtre, il a dit « Jean-Baptiste, je te baptise »... Ça veut dire que maintenant je m'appelle comme ça ?

Sur le parvis de l'église du village, alors que nous posions dans nos tenues de communiants, mon frère a souri et m'a répondu :

– Ben oui, maintenant tu t'appelles Jean-Baptiste, mais tu seras toujours Mugisha, ça ne change rien, tu restes le même petit garçon.

*

Il y a quatre ans, je suis retourné dans l'école de mon enfance, pour témoigner. J'étais ému de revenir dans ma salle de classe, d'être celui qui parle, qui délivre un message, après avoir été celui qui devait écouter. Sur l'estrade, je me sentais fort, alors que j'avais été l'objet d'humiliations dans ce même établissement scolaire. Je suis également allé dans mon collège. J'ai revu les professeurs qui pensaient de moi que j'étais un bon à rien. J'étais justement devant eux et leurs élèves pour dire qu'il ne fallait pas se laisser abattre par le jugement des autres, qu'il fallait croire en soi en toute circonstance, ne jamais baisser les bras malgré l'adversité. Même lorsque les autres ne croient pas en nous, il faut se faire confiance. Je savourais en un sens ma revanche sur la vie, ces enseignants m'avaient mal jugé et destiné à une voie de garage, mon parcours leur donnait tort et démontrait leur bêtise et leur incapacité à être à l'écoute des autres. J'étais à leur place pour transmettre des valeurs humanistes à des enfants et adolescents. J'aime intervenir dans les écoles, plus que dans des séminaires d'entreprise, les enfants ont cette spontanéité vivifiante, un parler vrai, une franchise désarmante. Ils n'ont aucun tabou et abordent la question du handicap avec facilité. Ils posent énormément de questions à propos de la prothèse, plus que du handicap en fait. Je me souviens d'un petit de neuf ans me demandant sans aucune pudeur : « Monsieur, quand vous faites l'amour avec votre femme, vous enlevez votre jambe ? »

Les petits sont curieux et respectueux à la fois, ils ne me considèrent pas comme un extraterrestre parce que j'ai une jambe en moins. Je dois leur raconter mon histoire sans omettre l'inimaginable, l'horreur de la guerre, mais je ne dois pas les choquer ; avec les tout-petits, j'arrange un peu la réalité, j'essaie de raconter mon histoire comme un conte de fée, avec un crocodile, un lion, au lieu de parler de coups de machette et de décapitation. Plus tard, ils comprennent.

Nous avons tous une sorte de handicap. Le mien, c'est ma jambe. Mais pour moi, ce n'est pas un handicap, car je fais ce que je veux dans ma vie. Si je veux jouer au football, je joue au football, patiner, je patine, faire du snowboard aussi… et quand je veux sauter loin, je saute loin. Un handicap est quelque chose qui vous empêche de faire ce que vous voulez mais pas moi. Je ne suis donc pas un handicapé. Tout va bien pour moi, car je me sens bien dans ma tête.

Avec les enfants, j'arrive à casser les clichés liés au handicap. Je leur explique qu'avoir un handicap, ce n'est pas forcément avoir une jambe en moins comme moi ou être en fauteuil roulant. Alors, je leur pose simplement la question : « C'est quoi toi ton handicap ? » En début de séance, ils ne savent pas quoi répondre, ou ils n'osent pas, à la fin, tous lèvent la main avec une particularité à brandir : « Je suis timide », « je louche un peu », « je ne sais pas nager », « j'ai peur de la foule »…

Alors devant l'enthousiasme des enfants, j'ai l'impression d'avoir réussi ma mission d'ambassadeur. Je me sens légitime, à ma place, peut-être plus encore que sur une piste d'athlétisme. Parfois, j'en viens à penser que mes parents m'ont baptisé Jean-Baptiste pour que je sois un messager.

– 7 –

L'intervention chirurgicale était planifiée pour la semaine suivante. Enfin, j'allais avoir ma prothèse, mais pour ce faire je devais accepter l'idée qu'il me faudrait subir une deuxième opération. Au Burundi, ma jambe avait été mal amputée, ce qui rendait la pose d'une prothèse difficile. Il fallait encore m'enlever un morceau de moi-même, et renoncer une fois de plus à une partie de mon corps. Sauf que, cette fois, ce serait dans un hôpital propre, où je serais en sécurité. Robert avait dû m'expliquer calmement la nécessité de pareille intervention. Moi, je pensais qu'une fois la prothèse fabriquée, il ne restait plus qu'à l'emboîter sur mon moignon, comme les enfants le font avec leurs Lego par exemple. C'était bien plus complexe que cela. Je vivais très bien avec mes béquilles, et ma jambe en moins. Mon ami Charlie était épaté par ce que j'arrivais à faire avec une seule jambe, je pédalais souvent plus vite que lui, j'étais très débrouillard, j'avais réussi à construire une seconde cabane près de la station d'épuration à la sortie du village et j'avais fabriqué pour nous deux un karting avec une palette en bois et un vieux guidon de vélo. J'aurais pu continuer de vivre ainsi, mais mes parents m'avaient fait la promesse de m'offrir une belle jambe avec un vrai pied, sur lequel je pourrais mettre une chaussure, fini les chaussures orphelines ! J'avais un tas de chaussures droites jamais utilisées, j'allais enfin pouvoir les étrenner.

Nous avons fait une longue promenade avec Robert le long de la rivière. Mon père et moi formions un drôle de duo, avec nos béquilles : deux éclopés, mais deux forces de la nature. Nous étions de plus en plus complices. J'avais en lui une confiance inouïe.

– Pour pouvoir te poser la prothèse, il faut qu'elle soit bien attachée, et donc il va falloir tailler encore un peu, juste là…

Pour me faire rire, Robert, a sorti de sa poche un petit canif et fait semblant de me couper avec. Puis il l'a replié et ouvert à nouveau pour m'expliquer le mécanisme de la prothèse.

– Regarde le couteau, c'est un peu comme un genou, l'articulation est là, l'anneau de fer dans lequel s'emboîte le manche en bois. La partie en fer est très solide, très propre, elle tient bien le bois… comme ça, tu peux faire beaucoup de choses avec la lame sans que le manche parte ou se détache…

– On va faire un anneau de fer à ma jambe ?

– Oui, en quelque sorte, après tu pourras encore plus courir et jouer, ne plus être embêté par des béquilles, ce sera la liberté, tu te rends compte, comme Julien, comme Charlie…

– Mais on va me faire quoi en vrai ?

– Tailler proprement une petite partie pour poser « l'anneau de fer ».

Je retenais mes larmes, je n'avais aucun souvenir de la douleur causée par ma première amputation, mais je revoyais les jours passés dans cet hôpital de fortune, le mal fou que j'avais eu à faire le deuil de ma jambe, les cauchemars, l'inconnu, j'avais peur de revivre tout ça.

– Mais, ça va faire très mal, non ?

– Non, tu seras endormi, tu ne sentiras rien, peut-être après au réveil, mais tu auras des calmants pour te soulager. Et puis tu te réveilleras avec une nouvelle jambe, ce sera formidable, tu te rends compte, une nouvelle jambe, comme la mienne ! Et puis, on va encore plus se ressembler tous les deux !

J'avais très peur, mais je savais que le chemin de la liberté s'ouvrait davantage à moi.

*

Le sport m'a permis de sortir du silence dans lequel je me murais, de dépasser mes souffrances, d'échanger et de partager ma propre expérience. Depuis cinq ans, je suis devenu un ambassadeur auprès de la jeunesse, j'ai rejoint l'association Peace and Sport, fondée par l'ancien champion de pentathlon Joël Bouzou, dont le but est de promouvoir les valeurs de la paix à travers le sport, notamment dans des pays en voie de développement ou en guerre. Le prince Albert de Monaco en assure désormais le haut patronage. Devenir un champion de la paix est l'opportunité pour moi de faire passer des messages formidables à la jeunesse. Le sport a été ma thérapie, et m'a sauvé de mes démons liés à mon passé, le sport a été mon salut, et je pense qu'il peut sauver bien d'autres personnes qui s'estiment dans des situations désespérées.

À ce titre, j'ai reçu la plus belle des médailles en octobre 2020, lors d'une soirée de gala à Monaco.

Le lieutenant-colonel Jean-Luc Pradier (EPIGN) m'a remis la médaille d'or de la Jeunesse, des Sports et de l'Engagement lors de la convention annuelle des Sportel Awards, qui récompense les meilleures séquences sportives de l'année écoulée. J'ai ressenti ce soir-là une émotion intense, rare, même lorsque j'ai gagné des médailles sportives je n'ai pas vécu pareille satisfaction. J'étais venu remettre le trophée du meilleur documentaire, et j'ai eu la surprise de recevoir une récompense, pour l'ensemble de mon parcours, mes résultats sportifs et mes actions caritatives. Il y avait énormément de monde dans la salle, j'ai dû improviser un discours. J'ai fait en sorte d'être vrai, je n'ai pas formulé de grandes phrases, juste des mots simples, efficaces. Ma voix s'est élevée doucement puis, emporté par la sincérité de mon propos, j'ai pris confiance et libéré ma parole. Pas un mot dans l'assemblée, tout le monde était pendu à mes lèvres et au récit de mon histoire. J'ai ressenti quelque chose d'inédit, et de puissant, jamais je n'avais eu l'impression d'être autant écouté et respecté. Des applaudissements sont venus clore ma prestation. J'avais parlé avec le cœur.

Plus tard, au dîner de gala, le prince Albert en personne est venu me féliciter. Ma voisine de table, journaliste d'un grand magazine, n'arrêtait pas de me répéter à quel point mes paroles l'avaient touchée. Grisé par l'adrénaline qui ne retombait pas, je n'ai pas réussi à m'endormir cette nuit-là. À 8 heures du matin, j'avais encore les yeux ouverts. Avant de trouver le repos, j'ai réalisé pleinement que j'étais devenu un vrai influenceur. J'ai pris conscience de toutes mes bonnes actions. Et enfin, je me suis endormi, fier et satisfait.

– 8 –

Sur la table d'opération, je perdais peu à peu connaissance, autour de moi tout était de plus en plus flou, la lumière vive devenait floconneuse. Une infirmière me caressait le front, tandis qu'un chirurgien traçait des traits au-dessus de mon moignon. Mes parents m'avaient quitté à l'entrée du bloc opératoire, j'avais peur de ne plus jamais les revoir. Ils avaient dit : « Tu vas t'endormir, et on sera là à ton réveil. Tout ira bien, tu verras. » Mais leur regard bienveillant laissait filtrer leur anxiété et donc je n'arrivais pas à être rassuré. Pourtant cet hôpital ne ressemblait en rien à celui de fortune où l'on m'avait amputé après le massacre de ma famille. Le matériel était propre, j'avais ma chambre, les soignants me parlaient doucement. L'anesthésiste venait de me faire une injection, je ne sentais plus mes membres, si ce n'est quelques fourmillements dans les bras, mes yeux se fermaient peu à peu, j'avais des bourdonnements dans les oreilles, je percevais encore la douce voix de l'infirmière au-dessus de moi, j'essayais de fixer ses yeux verts, elle avait le regard émeraude, je n'avais jamais vu des yeux aussi verts, c'était troublant. J'avais l'impression de me plonger dans le vert des collines de mon enfance, de la végétation luxuriante près de mon village, des feuilles de bananiers, partout. Je me sentais partir sous l'effet de l'anesthésiant, des images se chevauchaient, les feuillages du Burundi, la rivière avec ma mère, le jardin de Bonlieu, le portique où je faisais des acrobaties, la chaleur humide dans les couloirs de l'orphelinat de Bujumbura, nos cabanes avec Charlie, les truites tachetées gluantes s'échappant des mains de mon père Robert, les jeux de billes avec Zita dont j'oubliais peu à peu le visage, puis les sauterelles, des nuées de sauterelles, leur stridulation assourdissante, le bruit aigu d'une scie au-dessus de moi, je sombrai dans un sommeil ouateux. Le tunnel s'ouvrit devant moi, les sauterelles s'étaient tues, le lion était là, il se tenait devant maman, il s'interposait entre maman et moi. Il la protégeait. Je tentais de toucher le lion qui disparaissait avec maman dans la lumière blanche.

Je me suis réveillé dans une chambre d'hôpital, Julien était là. Encore un peu prisonnier d'une douce somnolence, j'ai entendu sa voix :

– Maman, ça y est, il ouvre les yeux…

J'ai tout de suite regardé ma jambe amputée, un pansement immaculé protégeait mon moignon. J'ai remué ma jambe, je n'avais pas mal. Je mimais des dribbles de foot, quand Danielle et Robert sont entrés dans la chambre.

– Alors, prêt à faire un match avec Julien et les copains ?

L'opération s'était bien passée, il ne manquait plus que la prothèse, c'était une question de semaines. Bientôt Julien arrêterait de demander pourquoi son « petit frère n'est pas entier ».

*

J'ai appris bien plus tard que Julien parlait de moi en ces termes, pourtant il avait devant lui Robert avec son corps tronqué, mais je pense qu'il ne s'attendait pas à ce qu'un enfant puisse ne pas « être entier ». Moi, j'étais rassuré de voir un autre enfant africain, de la même couleur de peau que moi. Toute la période où j'étais certain de repartir au Burundi, il était très protecteur, il savait que j'avais besoin d'aide, même s'il éprouvait un peu de jalousie quant à l'attention que Danielle me portait. Hutu et Tutsi, nous, on s'en fichait bien, on était frangins. Si nous jouions ensemble aux Lego, je passais beaucoup plus de temps avec Charlie, avec qui je partageais tout, et quelques amis du village. Puis nous nous sommes éloignés géographiquement lorsque j'ai intégré l'Insep. Lui voulait devenir footballeur professionnel, il avait rejoint le centre de formation de Strasbourg, nous ne nous voyions plus qu'aux vacances, et pour les fêtes de fin d'année.

Je me souviens des Noël à Bonlieu, du tout premier, l'année de mon arrivée. Il y avait des cousins, plein d'enfants dans la maison. Après un dîner gargantuesque, Danielle nous avait fait asseoir au pied du sapin. J'étais fasciné par les décorations, les illuminations sur la façade de la maison. Je trouvais ça très beau. Je n'avais aucune idée de ce que l'on attendait, les autres enfants étaient tout excités, mon frère aussi. Moi, j'étais un peu inquiet. Soudain, un vieux bonhomme avec une barbe blanche tout vêtu de rouge a fait son apparition dans le salon, il avait un panier plein de cadeaux, les yeux des enfants se sont mis à briller. « Le père Noël, c'est le père Noël ! » Je ne connaissais pas le père Noël, mais je l'aimais déjà beaucoup. Il m'a donné mes cadeaux, et j'ai reçu mon premier bisou du père Noël, puis je lui ai couru après pour voir où il allait. J'ai couru jusqu'au portail, et je l'ai regardé s'éloigner dans la rue. Tous les ans, jusqu'à ce que je découvre qu'il s'agissait de mon père, ce fut le même rituel, et ce fameux père Noël était fort généreux avec moi, je lui écrivais ma lettre, je cochais des jouets dans les catalogues et il m'apportait tout ce que je souhaitais. J'étais un petit garçon assez sage, je faisais très peu de bêtises, j'aidais ma mère à préparer le dîner, avec Julien, nous débarrassions tour à tour la table. J'ai dû faire deux grosses bêtises dans toute mon enfance : mettre du papier aluminium dans le four micro-ondes risquant de faire exploser la maison et, plus tard, je devais avoir onze ans, j'ai pris la voiture de mon père et l'ai conduite jusqu'au bout du lotissement. Puis, j'ai fait demi-tour et l'ai garée pile à l'endroit où je l'avais prise.

Malgré sa volonté de percer dans le foot, Julien ne s'est pas du tout fait au centre de formation, il avait pourtant un très bon niveau, je l'ai poussé à persévérer comme je persévérais dans l'athlétisme, malgré les déconvenues et l'adversité. Mes parents ne l'ont pas forcé à continuer. Nous nous sommes encore plus éloignés géographiquement : il est parti à Londres faire une école de marketing, puis a travaillé à Amsterdam. Il est ensuite revenu dans la Drôme, dans une maison entre montagne et forêt. Il est aujourd'hui éducateur spécialisé, comme notre mère, il voulait s'occuper d'enfants en difficulté. Nous avons tous les deux ce besoin d'aider les autres, de transmettre les valeurs de respect et solidarité héritées de notre éducation commune. Nous sommes plus complices depuis que nous vivons loin l'un de l'autre. Quand nous nous retrouvons en vacances, nous avons à cœur de rattraper le temps perdu.

Quand je rentre dans la Drôme, je dégage du temps pour aller le voir dans sa montagne, auprès de lui, je me ressource, je ne pense plus à mon désir d'être dans la lumière, de gagner des médailles, d'être médiatisé. À son contact, je reviens à l'essentiel, la nature, la famille, la vie tout simplement.

– 9 –

J'avais hâte de sortir de la voiture. Pendant tout le retour depuis Valence, j'arborais un large sourire, je riais aux blagues de Robert, je me sentais tellement vivant. J'avais fait le tour du parking de la clinique pour « roder » ma nouvelle jambe. Enfin, j'avais la fameuse prothèse, celle dont on me parlait depuis le Burundi, la jambe bionique. J'ai tout de suite fait de la prothèse un membre à part entière de mon corps. J'ai pu marcher avec, me l'approprier de façon naturelle. J'étais fier de pouvoir mettre une vraie paire de chaussures, de courir librement, sans béquilles, comme tous les enfants de mon âge.

Dans la voiture qui me ramenait à la maison, je bouillais d'envie de jouer avec Charlie, de faire la course avec lui, d'être encore plus à l'aise sur mon vélo, de jouer au foot avec Julien, de shooter dans un ballon avec mon pied droit. Arrivés à l'entrée du lotissement, je me tenais prêt à sortir de la voiture, j'avais la main sur la poignée de la portière. Robert n'avait même pas arrêté la voiture que j'étais déjà sur le gravier de l'entrée. Julien et Danielle se tenaient sur le perron.

– Maman, tu as vu, j'ai ma nouvelle jambe, elle est belle hein !

J'étais fou de joie, je courais partout dans le jardin, après les chats qui avaient rejoint la famille Alaize. Je faisais des bonds, hilare. Je me suis précipité vers le portique, pour faire un vrai cochon pendu, puis je me suis dressé sur la balançoire, et j'ai poussé très fort sur mes deux jambes.

– Maman, je vole, je vole vraiment !

– Attention, tu vas finir par faire le tour du portique si tu continues à te balancer aussi fort !

Je n'entendais plus rien, grisé par mes nouvelles sensations. J'étais un oiseau, j'étais un tigre, un lion, une gazelle, j'étais le vent, l'eau, l'air. J'étais puissant. Fort comme jamais auparavant.

*

Je cours sur la plage de Miami, les poumons emplis d'iode et d'un immense sentiment de liberté. Le monde se remet difficilement de ses confinements et couvre-feux à répétition. Je mesure ma chance de pouvoir courir, marcher, circuler librement, sans masque la plupart du temps. Je n'ai pas peur du virus, j'ai un rapport très distant à la maladie, pour moi, c'est totalement impalpable. J'ai du mal à combattre un ennemi invisible. Mes ennemis, j'ai vu leurs visages, leurs yeux, leur haine, quand j'étais tout petit. Alors quand le président Emmanuel Macron a prononcé le mot « guerre » avant d'annoncer le premier confinement en France, en mars 2020, j'étais perplexe. Mais je ne me mêle pas de politique. J'ai un sens aigu de la liberté, peut-être supérieur à celui des gens que je côtoie, j'ai souvent du mal à accepter les règles, à rentrer dans les cases, à me faire à la hiérarchie et l'autorité. J'ai toujours été très indépendant. Ma mère Danielle me reproche souvent de n'en faire qu'à ma tête, de claquer des portes, au risque de ne plus pouvoir les rouvrir. C'est dans mon tempérament, je n'aime pas que l'on me marche dessus, que l'on essaie de me faire plier. Cela me joue des tours parfois, notamment avec mes coaches sportifs, et mes sponsors, mais je ne peux pas aller contre ma nature. J'ai besoin de me sentir libre. Sans aucune entrave.

En tant qu'ambassadeur, je me suis rendu plusieurs fois dans des prisons pour raconter mon histoire. J'ai adoré ces moments passés face à ces hommes privés de liberté. Me confronter à leur quotidien limité m'a fait réfléchir à mon parcours. La détermination que j'ai pu trouver par le sport a été un moteur alors que j'aurais pu prendre un mauvais chemin rempli de haine et de violence, comme ces hommes l'ont fait à un moment de leur existence.

Mon expérience à la maison d'arrêt de Carcassonne en 2016 m'a particulièrement marqué. Je devais intervenir dans le cadre d'une mission sur la déradicalisation. J'avais mûrement réfléchi avant d'accepter, je ne maîtrisais pas du tout le sujet. Mais il s'agissait juste d'être moi-même, d'exposer mon histoire, tout simplement, sans rien imposer aux détenus, être sincère et humain. C'étaient des hommes durs, qui avaient tué, pour certains. Avant, je n'avais jamais mis les pieds en prison. Les gardiens m'ont fait traverser de longs couloirs, il y avait des portes derrière lesquelles j'entendais des cris, c'était dur d'imaginer toute cette humanité privée de liberté. Les gardiens m'ont conduit dans une salle et m'ont laissé seul avec les détenus. C'étaient des gros durs, tatoués, j'avais l'impression d'être dans un film. Je n'étais pas rassuré du tout, je n'en menais pas large malgré mes muscles d'athlète et ma grande taille, je me sentais tout petit. Ils me toisaient. Au début, j'ai bafouillé un peu, j'avais la voix qui tremblait, j'étais impressionné. Je leur ai montré un documentaire diffusé sur TF1 en 2014 racontant mon histoire. Pendant tout le film, la tension était palpable dans la salle, un silence impressionnant régnait. À la fin, un détenu longue peine s'est levé, il a commencé à applaudir, les autres ont fait de même, et j'ai eu droit à une ovation. Tous ces gros durs étaient touchés, j'avais fait vibrer leur corde sensible. Ils ont enchaîné les questions, l'un d'eux m'a assuré n'avoir jamais été autant ému par un intervenant. Puis à leur tour, alors que je ne leur avais rien demandé, certains ont raconté leur parcours. Ils étaient tous très marqués par la misère des quartiers difficiles, ils cherchaient à justifier le fait d'avoir basculé dans la délinquance ou le grand banditisme. Je leur ai expliqué avec calme que moi aussi j'aurais pu, après ce qui m'était arrivé, détester le monde, vouloir me venger, être violent, devenir un gangster même. Mais que j'avais choisi le chemin de la liberté.

Je suis resté une heure et demie avec eux, et, en toute humilité, je leur ai donné une leçon de vie. Certains ont réclamé mon compte Instagram, j'ai plaisanté en leur demandant s'ils avaient le droit d'avoir des téléphones en prison. Quelques-uns m'ont écrit par la suite que je les avais aidés à relativiser leur sort. Quand j'ai quitté la prison, j'étais soulagé, mais vidé, j'avais contenu pendant toute la séance un trop-plein d'émotions. Mais je me sentais libre, incroyablement libre.

– 10 –

Après la deuxième amputation, la rééducation a tout de même été douloureuse. J'oscillais entre moments de grande liberté de mouvement et d'intenses souffrances. Comme j'étais en pleine croissance, mon os continuait à pousser, comme les racines d'un arbre, provoquant des inflammations au niveau du genou, et c'était comme si des couteaux me perforaient la jambe. J'ai dû me rendre souvent à Marseille pour ma rééducation, combattre la douleur lancinante. Heureusement, je partageais des instants forts avec Robert durant le trajet jusqu'à la cité phocéenne. Il me faisait oublier mes maux, ainsi je ne cédais jamais au découragement.

Je travaillais non seulement avec Jean-Charles mon prothésiste, mais je me rééduquais également tout seul. Je m'inventais des exercices, dès que j'en avais l'occasion. Régulièrement, je marchais dans le jardin : en apparence, je ne faisais que marcher. En réalité, j'essayais de gommer ma claudication provoquée par la prothèse, je voulais marcher comme tout le monde, que personne ne se doute de la présence de ma prothèse. D'autant que j'allais faire ma rentrée au collège à la fin de l'été. Là-bas personne ne saurait que j'avais un handicap, je serais Jean-Baptiste Alaize, élève de sixième, et non Jean-Baptiste Alaize, enfant adopté, noir et amputé de la jambe.

Je marchais, je faisais des petits sauts à pieds joints autour de la piscine gonflable du jardin, mes parents m'observaient depuis la fenêtre du salon, j'essayais de garder une stricte symétrie entre mes appuis sur ma jambe naturelle et ma prothèse. Je répétais l'exercice à reculons, en alternant marche et bonds de kangourou. Je balançais mon corps d'avant en arrière, et puis, un jour, alors que je prenais de l'assurance, j'ai fixé un point de l'autre côté de la piscine et me suis élancé pour sauter par-dessus le bassin, j'ai échoué, glissant dans l'herbe, et suis tombé à la renverse. Vexé, j'ai regardé si mes parents m'avaient vu. J'étais un petit garçon tellement fier, je n'aimais pas l'échec. J'ai envoyé un coup de pied rageur dans la piscine gonflable et j'ai recommencé mon saut en longueur. Cette fois, j'ai réussi. Je me suis retourné pour regarder le bassin, j'ai levé les bras au ciel pour former le V de victoire.

*

Lorsque je m'inspecte dans le miroir, il y a mes cicatrices qui portent mon histoire mais également mes tatouages, à mon image. Je suis un combattant, un « *warrior* » comme l'indique mon tatouage sur mon dos.

Un ami m'a fait mon premier tatouage lorsque j'avais quinze ans, en bas des abdominaux, un signe chinois qui veut dire amitié. Plus tard, à ma majorité, j'ai inscrit le patronyme de mes parents adoptifs sur toute ma poitrine, Alaize en lettres capitales. Une façon de leur rendre hommage, de clamer mon amour pour eux et ma reconnaissance éternelle. Une cible de sniper sur l'épaule, parce que j'ai l'impression d'être traqué depuis l'âge de trois ans, *the destiny*, le destin, sur mon bras, parce que j'ai la certitude qu'une force puissante écrit ma ligne de vie et me porte toujours plus loin, *warrior* sur le dos, parce que je suis un guerrier, que je me relève chaque fois que je trébuche, que les obstacles ne me font pas peur, *we only have one life* sur l'avant-bras, parce qu'il faut se donner tous les moyens de ne pas gaspiller sa vie, et les anneaux olympiques sur le flanc, parce que tout athlète a un rêve de médaille olympique. Un rêve bien légitime.

– 11 –

– Sale Nègre !

J'avais bien entendu l'insulte, mais je n'ai pas réagi tout de suite. J'ai continué à enchaîner les échanges avec lui. Nous jouions au ping-pong dans la cour de récréation du collège. Il était plus grand que moi, et cherchait toujours à me provoquer. Il ne m'aimait pas parce que j'étais le chouchou des filles, que j'étais invité dans les boums et pas lui, que je faisais rire les autres en classe, que ses piques lancées au quotidien ne m'atteignaient pas. Les bruits de singe lorsqu'il me croisait, les pichenettes pour faire tomber ma casquette, les petites humiliations à répétition, les « bamboulas » et autres insultes racistes, devant les copains. Je ne lui en voulais pas, il répétait ce qu'il entendait chez lui, des parents qui balançaient un peu trop facilement des phrases du genre « tout ça, c'est la faute des Noirs et des Arabes ». De telles phrases marquent et s'impriment dans les cerveaux des plus jeunes. Je venais de réaliser un smash, il ne l'avait pas supporté, alors il a à nouveau crié, devant ses copains hilares :

– Sale Nègre !

Cette fois, la phrase est entrée en moi brutalement, comme un uppercut, j'ai fait le tour de la table de ping-pong, il s'est avancé vers moi torse bombé et m'a toisé du regard.

– Ben, qu'est-ce que tu veux ? Tu veux te battre c'est ça ? Vas-y frappe, frappe-moi si tu l'oses !

Je sentais la colère monter, un bouillonnement intérieur, une haine enfouie très loin en moi, le lion était prêt à rugir, mais je me réfrénais, je n'avais pas envie de me battre et de risquer une exclusion du collège. Il ne fallait pas que je perde mon sang-froid. Le grand a continué à me provoquer.

– T'as peur, c'est ça ?

Il avait son visage tout proche du mien. Je soutenais son regard haineux, mais ne bronchais pas. Face à ma résistance, il a détourné les talons et haussé les épaules en poussant un soupir.

– Pfff, tu n'es qu'un lâche, c'est tout, tu ne vaux rien…

Il est parti en chantonnant « vaux rien, vaux rien, vaurien… » C'était lui, le vaurien. Il n'avait que ça, la bêtise et la méchanceté. Je n'étais pas le seul à souffrir de ses moqueries, il en terrorisait pas mal, personne n'osait le défier. Il fallait que ça cesse.

Je l'ai attendu à la sortie du collège. Il est passé en sifflotant devant moi avec ses trois potes inséparables, comme si de rien n'était. Il était allé trop loin, je ne pouvais plus me taire, il fallait que je lui donne une bonne leçon.

– Eh, toi !

Il a fait comme s'il n'entendait rien.

– Oui, toi, tu fais moins le malin, hein ?

Il s'est retourné avec son sourire insolent. J'ai ressenti une pulsion d'une violence redoutable. Mon poing est parti, je lui ai collé deux droites qui l'ont mis à terre. C'était la première fois que je frappais quelqu'un. Je venais de découvrir la force que j'avais en moi, mais aussi cette violence effrayante – j'aurais pu le tuer si j'avais continué –, quelque chose qui me dépassait. Il avait l'œil explosé. Moi, j'avais mal d'avoir été poussé à pareille extrémité. Ce n'était pas moi, je n'étais pas cet adolescent plein de haine, non, c'était un accident, je devais m'en persuader. J'avais laissé la violence et la haine loin, au Burundi, elles ne devaient pas me rattraper et pourrir mon quotidien ici en France, dans ma nouvelle vie.

Je suis rentré à la maison, inquiet pas tant pour l'élève que j'avais blessé que pour moi et ce que l'altercation avait révélé de mon être. Je me jurais de ne plus jamais me battre. Quand je suis arrivé chez moi, mes parents m'attendaient de pied ferme. Robert avait l'air très peiné.

– Mais qu'est-ce qui s'est passé, Jean-Baptiste ? Les parents de Thomas ont téléphoné, il a un décollement de la rétine, ils disent que c'est de ta faute !

– C'est de sa faute, papa, ça fait des semaines qu'il m'insulte, qu'il me provoque, c'est un raciste, papa, il fallait le faire taire…

– On ne soigne pas la bêtise par la violence, tu le sais bien, je ne te reconnais pas, mon fils…

– Je sais, mais j'ai senti comme du feu à l'intérieur, comme un lion qui s'était emparé de mon corps…

– Ça suffit. Nous devons aller chez Thomas pour que tu présentes tes excuses, maintenant.

J'ai suivi mes parents, un peu penaud, mais prêt à calmer le jeu.

Mais lorsque nous sommes arrivés chez Thomas, qui pleurait, la main sur l'œil, son père m'a foncé dessus pour me frapper. Mes parents et moi étions choqués de cette réaction.

– Arrêtez, vous n'allez tout de même pas frapper mon fils !

– Il ne s'est pas privé de massacrer le mien !

J'étais prêt à me battre, ma mère l'a senti, elle s'est interposée.

– Allons, Jean-Baptiste, on va tous se calmer, et tu vas présenter tes excuses.

J'ai lu dans le regard paniqué de ma mère qu'il fallait que je fasse preuve de bon sens, que la situation lui faisait mal, qu'elle était blessée. J'ai donc demandé pardon à Thomas, sans aucune conviction.

Ce pardon, je l'adressais à maman. À Danielle et à ma vraie mère qui me regardait depuis le ciel.

TROISIÈME PARTIE

COURIR

– 1 –

J'étais droit et fier sur mon cheval blanc. Ma monture était calme, j'étais élégant comme jamais auparavant, dans ma tenue de cavalier, bottes impeccables, bombe recouverte de velours sur la tête, veste bleue marine. J'avais peur pourtant, la compétition avait commencé, je devais bientôt passer. Chaque fois, c'était pareil, j'avais le trac avant d'entrer sur la piste.

Grâce à Charlie, j'avais découvert l'équitation, le lien incroyable avec les chevaux, l'énergie que ces bêtes peuvent transmettre. J'avais d'abord commencé sur des doubles-poneys et en très peu de mois j'ai progressé au point de pouvoir monter à cheval. Je me donnais à fond dans ce sport qui m'apaisait et me poussait à me dépasser en même temps. Mes parents, conseillés par des médecins, y voyaient une thérapie. Très vite, je suis allé au club hippique deux fois par semaine, puis, parce que j'ai l'esprit de compétition, j'ai passé mes « galops », les examens qui valident le passage d'un niveau à un autre en équitation, et tous les week-ends je participais à des concours hippiques d'abord sur le dos du poney Eureka puis de la jument Mahé. Je m'étais pris au jeu. Adorant les films de cape et d'épée, je me prenais pour un chevalier. J'ai fait de la voltige, du dressage et même du horse-ball, ce n'était pas facile, avec ma prothèse sur l'étrier. Personne ne s'était aperçu que j'avais un handicap, jusqu'à ce que, lors d'un match de horse-ball, ma prothèse se décroche, à la grande surprise du public, mais il y avait eu plus de peur que de mal. J'étais casse-cou et j'adorais les sensations fortes.

J'étais le seul Noir dans le milieu, cela me collait une pression incroyable, encore une fois je voulais faire mieux que les autres, les dépasser et me dépasser. Je repensai au tout premier concours où j'avais craint d'entrer en piste. Charlie avait dû me motiver alors que j'étais prêt à renoncer pour de mauvaises raisons.

– Charlie, mais ils vont se moquer de moi, non, dans le public ?

Mon ami s'était alors mis en colère.

– Je croyais que tu rêvais de faire cette compétition, que tu voulais leur montrer qui tu es, de quoi tu es capable !

– Mais les autres, ils font ça depuis qu'ils sont tous petits…

– Tu vas leur montrer ce que tu as appris en si peu de temps, ils vont être jaloux et personne n'osera rien dire. Allez, faut y aller, et puis ta jambe, ça ne se voit pas du tout…

– Je ne veux pas en parler, tu le sais, alors, arrête !

Mon nom retentissait dans les haut-parleurs.

– Jean-Baptiste Alaize, dernier appel…

Je risquais la disqualification, à chaque concours.

Là, sur ma jument, plusieurs mois après ma première compétition, je me repassais le parcours d'obstacles dans la tête. Ma concentration était au maximum. Comme chaque fois, je cherchais des yeux Danielle et Robert, comme chaque fois, maman m'a fait un petit signe de la main. J'ai salué la tribune des juges et démarré doucement. La jument a hésité sur le premier obstacle, pris de la vitesse sur les deux suivants, frôlant les barres, manquant de les renverser de peu. J'ai pressé les pouces sur les rênes, la jument s'est rassemblée, et nous avons volé ensemble au-dessus des barres jusqu'à la fin du parcours, effectuant ainsi un magnifique sans-faute. J'ai été applaudi par toute la tribune, c'était magique, j'avais réalisé le meilleur temps de ma catégorie. Lorsque j'ai brandi ma coupe vers le ciel, vers Charlie et vers mes parents, je me suis senti l'âme d'un champion.

Quand je participais à un concours, c'était pour gagner.

*

« Ta jambe est magnifique », dans ma vie d'adulte, j'ai plus souvent entendu cette phrase que le contraire. Dans ma vie intime, cela ne m'a jamais posé de problèmes. Dans les boums, j'avais la cote ; en classe, je faisais rire les filles. J'étais un séducteur. Je me souviens de mon premier baiser, en colonie de vacances en Camargue, c'était une colo quad et cheval, il faisait chaud, moite, il y avait des moustiques. C'était un premier baiser maladroit, mais un premier baiser tout de même. Puis, j'ai eu des petites amies, des aventures, des amoureuses. Je suis resté cinq ans avec mon premier amour, tout le collège et à mon début à l'Insep. Elle s'appelait Manon, nous partions en vacances ensemble, c'était fusionnel. La vie nous a séparés, notre relation était difficilement vivable à distance mais à aucun moment mon handicap ne lui a posé problème. Par la suite, j'ai eu de la chance de rencontrer des filles, puis des jeunes femmes, intelligentes, faisant fi des préjugés.

Après des mois difficiles au collège, où je cachais ma jambe, j'ai commencé à m'accepter tel que j'étais. Une fois toléré le regard des autres, qu'il soit bienveillant ou haineux, je me suis mis à aimer mon corps. J'avais réalisé que j'avais la chance d'avoir un corps puissant, tout en muscles, que le sport allait me porter loin. J'avais des modèles de réussite, j'étais fan de Carl Lewis. Quand je l'ai vu pour la première fois courir à la télévision, j'ai tout de suite su que je voulais faire comme lui, cet athlète d'une beauté incroyable, d'une élégance rare, excellant autant en sprint qu'en saut en longueur.

Il était un exemple, une inspiration pour le petit garçon que j'étais qui nourrissait le rêve d'entrer dans la lumière. Et ce n'est pas parce que j'avais une jambe en moins que je n'allais pas réaliser mes rêves. Grâce à ma prothèse, je suis entier, bien dans ma peau. Je ne pouvais rien faire pour ma couleur de peau, et donc contre le racisme, mais malgré mon handicap, je pouvais être bon en sport. Ainsi, toute ma vie, j'ai couru pour échapper aux gens qui voulaient me tuer, toute ma vie, j'ai eu l'impression d'être une cible, et c'est pourquoi je cours.

Courir pour échapper, courir pour renaître, courir pour exister.

– 2 –

Alors, je me suis mis à courir. Un tour, deux tours, trois… Sans m'arrêter. Mon professeur de sport au collège m'avait recommandé à un club d'athlétisme non loin de Montélimar. L'entraîneur m'avait demandé de réaliser quelques tours de stade, pour tester mon endurance, observer mes foulées, jauger mon niveau en course. J'embrassais la piste naturellement, c'était une sensation incroyable, de pleine conscience de mon corps. L'air était chaud, enveloppait mes muscles d'une douceur rassurante, j'étais parti à petites foulées que j'ai allongées de tour en tour. Quatre, cinq, six… Aucune baisse de régime, pas une seule douleur, plus je courais plus mon souffle s'intensifiait. Sept, huit, neuf… Je puisais dans des forces insoupçonnables, j'étais aérien. C'était comme si je ne touchais plus le sol. Dix, onze, douze… Cela commençait à piquer dans ma poitrine, je ne sentais plus mes jambes, je ne pensais à rien, j'étais comme drogué, presque dans un état extatique. Je ne sais pas combien de tours j'ai enchaînés, ni combien de temps l'entraînement a duré. Je me suis finalement écroulé. J'étais épuisé, vidé, mais tellement bien. Je n'aspirais qu'à recommencer, retrouver cette sensation de plénitude. Encore et encore. Retrouver ce mélange d'adrénaline, de cœur qui tape fort dans la poitrine, tous les sens en éveil, l'envie de rire, de courir et de pleurer en même temps, tester mes limites, les repousser encore, et surtout oublier, oublier la réalité, oublier le handicap, oublier l'Afrique et le massacre, oublier le passé en m'oubliant dans la course, m'oublier et me rencontrer à la fois. C'était vertigineux et grisant en même temps.

Sur ce stade du sud de la France, l'adolescent de treize ans que j'étais devenu, qui s'était juré de cacher aux autres collégiens le secret de sa jambe coupée, qui ne quittait jamais son pantalon, même en plein cagnard, qui avait tout organisé pour que ses camarades ne découvrent pas l'invisible, se révélait superhéros. Il pourrait un jour courir comme son idole, l'Américain Carl Lewis, et pourquoi pas décrocher des médailles, aller aux Jeux olympiques. Ces tours effrénés ont changé mon destin. Quand je me suis mis à courir, j'ai eu des flashs du passé. Je revoyais la scène avec ma mère. J'avais l'impression de courir après quelque chose, pour quelque chose. Je me sentais libre comme un cheval qu'on met au pré et qui part au galop. Ce serait ma thérapie. J'ai compris que je ne serais plus un petit garçon noir et handicapé. Je voulais devenir un des meilleurs athlètes du monde, porter le maillot de l'équipe de France dans un stade olympique.

L'entraîneur s'est approché de moi, j'étais à peine essoufflé et luisant de sueur. Allongé sur la piste, je regardais le ciel bleu. J'étais bien. Il m'a aidé à me relever, m'a serré la main, comme on sert la main à un homme, d'une poigne ferme, assurée.

– Toi, gamin, tu as l'étoffe des champions, tu iras loin, surtout ne t'arrête jamais de courir !

Mon professeur d'EPS avait donc raison, j'avais un don. Il m'avait repéré quelques semaines auparavant, lors des olympiades du collège.

J'étais dans l'équipe du relais 4 × 100 mètres de ma classe, je devais être le dernier coureur, une position stratégique. C'était une telle responsabilité, je ne pouvais pas me louper. Au moment de mon passage de relais, nous étions les derniers, mais j'ai couru comme une flèche, j'ai rattrapé tout le monde, et nous avons gagné. J'avais eu comme un flash, une certitude que j'engageais quelque chose d'essentiel dans cette course, que je devais prouver que j'étais le meilleur. J'avais serré les dents, produit une sorte de rugissement afin de m'élancer de toute ma puissance. J'avais remonté un à un tous les coureurs adverses, je ressentais une force incroyable.

Personne ne savait que j'avais une prothèse, et j'avais battu des gens valides. Intérieurement, je jubilais.

Quelle incroyable revanche sur la vie, moi, le « sale Nègre », le petit « bamboula », si souvent moqué par les autres élèves, je courais plus vite que tout le monde, et j'offrais la victoire à ma classe, à ceux-là mêmes qui me dénigraient.

Dans les vestiaires, c'était le chahut, les gamins se serraient les uns contre les autres pour célébrer notre médaille, ils chantaient et criaient, c'était la fête. Je me tenais à l'écart, sautillant sur ma jambe. Le professeur est venu me voir.

– Alaize, vous avez un talent fou, j'ai rarement vu ça au collège. Mais pourquoi sautez-vous à cloche-pied ? Que cachez-vous sous votre jogging ?

– Rien, monsieur…

– Mais si, je vois bien, montrez-moi…

– Monsieur, je suis handicapé, il me manque un tibia, j'ai une prothèse à la place à droite. Je ne veux pas que cela se sache…

– Ça suffit, Jean-Baptiste, suivez-moi. Je vais donner une bonne leçon de vie à cette bande de gosses un peu idiots.

Le professeur a demandé le silence, il avait quelque chose de capital à annoncer.

– On se tait maintenant ! Tout le monde en cercle. Jean-Baptiste va vous montrer quelque chose.

Je me suis approché timidement, je me suis mis au milieu du cercle, j'avais une boule d'angoisse, j'avais un peu honte, mais je comprenais ce que le professeur cherchait à prouver. C'était ma victoire, et pas celle des autres, nous avions gagné grâce à moi, il avait raison. J'ai eu soudain une grande confiance en moi. J'avais le droit d'être dans la lumière, j'étais légitime. Alors, j'ai remonté mon jogging et sous les regards ébahis et les « oh » de surprise de mes camarades, j'ai révélé ma prothèse.

– Voilà, Jean-Baptiste a un handicap, mais cela ne l'empêche pas de vivre normalement et surtout d'être très fort ! Il n'a qu'une jambe, et le tour est joué ! Il a quand même gagné la course. Vous devriez le respecter ; il est noir et handicapé, ne le jugez pas et ne le mettez pas de côté. Il vous a offert cette victoire. Prenez-en de la graine !

Je voulais qu'il reste discret, mais son message était fort, et ce fut comme si une barrière avait été ouverte. Soudain, mes camarades de classe ont su que j'étais différent, mais malgré cette différence, je pouvais courir vite, être comme tout le monde, et j'avais bon cœur.

Le professeur m'avait alors donné les coordonnées d'un club d'athlétisme à Montélimar. C'est ainsi que je me suis retrouvé à enchaîner les tours de stade par cette chaude après-midi de printemps.

Le soir, pour la première fois depuis la mort de ma mère, j'ai dormi sans faire de cauchemar. J'avais vu le lion, mais cette fois il n'avait pas de sang sur sa patte.

Et j'ai dormi, en paix.

*

L'athlétisme a agi comme un déclic. Quand je rentrais le soir de l'entraînement, j'étais complètement vidé de tous mes problèmes et de la colère accumulée en moi.

Ce sport a réussi à m'apaiser. Je me suis alors mis à fond dans les disciplines du sprint et du saut en longueur pour faire comme mon idole Carl Lewis. J'ai rapidement obtenu de bons résultats avec les valides dans les championnats départementaux et régionaux de ma catégorie. C'est alors qu'un jour j'ai reçu l'appel du DTN (directeur technique national) de la Fédération française de handisport. Il voulait me sélectionner pour les championnats du monde handisport des moins de vingt-trois ans à Dublin.

J'avais quinze ans, et ça faisait seulement quatre mois que j'avais commencé l'athlétisme. C'était la première fois que je pouvais quitter la France depuis mon adoption, et j'ai accepté sans vraiment savoir ce que j'allais vivre. Je suis revenu avec trois médailles d'argent (100 mètres, 200 mètres, saut en longueur) alors que j'affrontais des athlètes qui avaient cinq ans de plus que moi.

C'est à partir de ce moment-là que j'ai commencé à avoir une pratique dite de haut niveau. J'ai rapidement enchaîné les performances, et ma fierté aura été d'avoir gagné quatre médailles d'or consécutives au saut en longueur avant d'être surclassé chez les seniors à dix-neuf ans.

Mais même si je réussissais sportivement, mon plus gros défi restait d'être à l'aise avec mon handicap. J'ai longtemps eu du mal à me changer devant d'autres athlètes, qu'ils soient valides ou handisport. Comme je l'avais longtemps fait au collège, je continuais à ne mettre que des joggings, pas question de porter un short. J'ai finalement compris qu'il fallait s'accepter et que personne n'était choqué par ma condition. Après avoir guéri mes blessures mentales, le sport m'avait fait accepter mon handicap.

– 3 –

Saut à la perche, saut en longueur, sprint, demi-fond… J'ai enchaîné les disciplines avec une facilité déconcertante et un plaisir infini.

Je participais à ma première compétition d'athlétisme locale, une façon pour mon entraîneur de me tester. Je me concentrais avant ma dernière tentative au saut en hauteur, je n'avais jamais vraiment travaillé la technique du Fosbury, pourtant je me sentais très à l'aise. Mes premiers sauts étaient largement au-dessus de la barre. Comme si j'avais fait cela toute ma vie. Ma course d'élan était bien maîtrisée, mes foulées déliées, ma prise d'appui excellente. J'ai volé au-dessus de la barre, une sensation de plénitude, de légèreté, traversait tout mon corps. J'ai entendu l'entraîneur et un inconnu crier :

– Incroyable !

Ils ont couru vers moi.

– Jean-Baptiste, tu viens de battre le record de France junior ! Tu te rends compte ?

Je ne me rendais absolument pas compte de ma prouesse, l'homme derrière lui ne disait rien, mais me regardait avec un petit sourire en coin.

– C'est fou ce que tu arrives à faire sans entraînement, imagine un peu si tu t'entraînais plusieurs fois par semaine, le niveau que tu atteindrais ? Tu as un talent naturel, JB, faut en faire quelque chose, je veux dire, tu vaux mieux que ça, les petites compétitions… Tu pourrais intégrer une équipe régionale et, si tu as de la suite dans les idées, tu pourrais aller encore plus loin…

– Je ne sais pas si j'ai de la suite dans les idées, mais j'en ai dans les jambes !

Autant, en classe, je n'étais pas sûr de moi, autant dans le sport, je m'affirmais et j'osais prendre la parole.

Je suis retourné sur la piste et j'ai montré de quoi j'étais capable en saut à la perche, en dépassant la barre d'une bonne cinquantaine de centimètres. Là, assis sur le tapis, j'ai réalisé que ma destinée s'écrirait sur un stade d'athlétisme, quoi qu'il arrive. J'avais le sentiment d'être exactement à ma place.

Le soir même, le téléphone a sonné chez mes parents. Nous étions en train d'éplucher des pommes de terre.

Ma mère a décroché, elle est restée quelques instants dans le couloir avant de nous retrouver dans la cuisine, Julien, Robert et moi. Elle avait un drôle d'air.

– Qu'est-ce qu'il y a, Danielle ? Ça ne va pas, tu es toute blanche ?

– C'était la fédération…

– La fédération de quoi ?

– D'athlétisme…

– Et ?

– Ils invitent Jean-Baptiste aux championnats du monde des moins de vingt-trois ans en handisport à Dublin !

– C'est dingue ça ! Tu entends, mon JB, tu es une graine de champion.

Grâce à l'aide financière de la communauté de communes, j'avais pu avoir ma première prothèse de sport digne de ce nom, et en quelques mois j'avais enchaîné les compétitions avec mon club l'UMS de Montélimar, une première saison incroyable, marquée par une ascension fulgurante en handisport comme dans les compétitions de valides, et ce malgré des problèmes réguliers avec ma prothèse. Je grandissais encore, et ma croissance s'accompagnait de douleurs parfois insoutenables, la prothèse venant frotter le genou. Pour pouvoir faire bon usage de la prothèse, je devais encore muscler ma jambe. Je m'illustrais dans plusieurs disciplines, de sprint, de sauts et de lancers, de disque notamment, j'étais un jeune athlète complet. Pour le moment, je n'avais pas envie de me spécialiser, je touchais à tout, animé par une soif de découvertes et d'expérimentations.

*

Sur les gradins du stade à Miami, je m'entraîne plus que jamais, je monte les marches en courant, genoux bien hauts, bras rapides, gestes saccadés, j'ai mal partout, il fait chaud, mais je tiens bon, c'est dans l'effort que je m'accomplis. Je montre l'exemple aux jeunes que je coache. Depuis mon arrivée à Miami, j'entraîne des filles et des garçons. Certains veulent perdre du poids, d'autres se muscler, moi, je leur apprends à se surpasser, à repousser leurs limites à chaque entraînement, à oublier leurs tracas quotidiens, leurs problèmes au travail ou en amour. Éprouver le corps libère l'esprit. C'est la meilleure des thérapies.

Sur la piste, je débranche mon cerveau, je n'analyse rien, je suis tout entier tendu vers un but unique, aller au bout de la course en sprint, courir le plus vite possible, ou aller le plus loin possible au saut en longueur. Sur la piste, je débranche mon cerveau, je ne pense à rien, c'est comme si une autre forme d'intelligence s'enclenchait, comme si tout se rassemblait dans mon corps et mon esprit pour accomplir une seule et unique chose : courir vite et aller loin. Courir vite et aller loin est devenu dès l'adolescence une obsession. Évidemment, c'est une forme d'évasion, une fuite, et en même temps une façon de conquérir la liberté. Encore aujourd'hui, quand je cours, une connexion immédiate se fait avec le passé, ce passé que je fuis et qui me rattrape chaque fois. Une lumière m'apparaît, et je revois la course pour échapper aux Hutus, à la mort, et dans la douleur de l'effort, j'oublie la douleur de la perte de ma mère. J'ai pu courir jusqu'à l'épuisement avec maman lorsque j'avais trois ans, cela n'a pas suffi à la sauver, à nous sauver. Aussi, chaque fois que je cours, je tente d'infléchir le sens de mon histoire, comme si je pouvais réussir à sauver maman, par ma victoire. C'est pourquoi j'ai du mal avec l'échec et les gens qui baissent les bras.

Quand je rentre sur un stade, je suis un autre. Je sors de ma bulle, je me mets en mouvement, je suis ultra dynamique, éveillé, j'ai la niaque, une énergie folle. Depuis que je cours, je me sens pleinement vivant, c'est intense, depuis que je suis tout petit je vis comme si c'était mon dernier jour ; quand j'entre sur un stade, je cours comme si c'était ma première et ma dernière course. Ma couleur de peau, ma jambe. Tout ça me pousse à vouloir vivre sans limites. Sans barrières. Juste croire en mes rêves. Et pourquoi pas les réaliser.

Quatrième partie

DEVENIR

– 1 –

Je n'avais que quinze ans, quelques foulées d'athlétisme de haut niveau, et je m'envolais déjà pour un championnat du monde. Je me sentais vivant, comme jamais. Je n'avais pas peur. Que pouvait-il m'arriver ? L'échec, je n'y croyais pas, j'avais la gagne, j'intégrais la Fédération d'athlétisme handisport, je serais plus à l'aise qu'avec les valides, je pourrais me montrer tel que je suis, libérer ma prothèse, ne plus me cacher, courir parmi mes pairs.

Je prenais l'avion pour la première fois depuis mon départ d'Afrique, j'allais voir du pays, j'étais ravi. Mais, concentré sur la compétition, je n'ai pas vu grand-chose de l'Irlande. J'ai ressenti un immense bonheur lorsque je suis rentré sur le stade pour la première fois. J'ai vu des athlètes amputés, comme moi, certains atteints de handicaps encore plus lourds que le mien, et personne ne se regardait avec suspicion, personne ne se plaignait, tout le monde avait le sourire. Nous étions tous des concurrents mais pas des adversaires, nous avions un ennemi commun, l'intolérance, et nos victoires individuelles se transformaient en message collectif envoyé au monde : nos handicaps ne nous empêchent pas de vivre, ni même d'être des champions.

J'ai tout de suite adoré cet univers, j'étais parmi mes semblables, cela créait une saine émulation. À l'entraînement, on se soutenait les uns les autres, j'étais le cadet de la compétition, alors les gens me chouchoutaient. J'allais concourir au lancer du disque, au sprint sur 100 et 200 mètres, et au saut en longueur, exactement comme Carl Lewis. Je me fixais comme ambition de devenir le Carl Lewis des handisports. Cela faisait sourire mon entraîneur Benoît Constant, du club de Montélimar. J'adorais travailler avec lui, j'étais son premier athlète non valide, et il ne m'a jamais traité différemment des autres sportifs. Il m'a porté au maximum de ce que je pouvais faire à ce très jeune âge. Les entraînements avec lui étaient un réel plaisir. Ils se déroulaient toujours dans la bonne humeur. Je mettais de l'ambiance dans le groupe à Montélimar. Et je lui faisais des frayeurs, notamment en saut à la perche, où parfois j'atterrissais sur la piste et non sur le matelas car j'étais sans limite, je n'avais peur de rien. Mon côté tête brûlée le dépassait. Je voulais lui prouver que j'étais un athlète avant d'être un athlète handicapé. En compétition, j'étais très fier d'arborer le maillot de son club. J'avais la rage. Avec Benoît, je me sentais libre de mes choix. À Dublin, j'ai pu m'entraîner sur une piste en tartan, ce n'était pas le cas à Montélimar où la piste était en béton. C'était tellement plus aisé pour ma prothèse.

C'était ma première sélection en équipe de France, je comptais bien fêter cela en gagnant des médailles. Je n'avais que quinze ans, mais j'avais déjà un niveau d'exigence élevé. J'avais toujours eu envie d'être bon dans ce que j'entreprenais, poussé par un esprit de compétition qui atteignit son paroxysme lors de ce premier championnat du monde.

Deuxième. J'étais deuxième dans toutes les disciplines. Mon coach ne cessait de me répéter que c'était formidable de cumuler trois médailles d'argent, que j'avais battu des athlètes plus vieux et plus expérimentés, qu'il ne fallait pas être déçu mais au contraire savourer ces victoires, car il s'agissait bien de victoires ! J'étais très orgueilleux, alors je ravalais ma fierté qui me poussait à vouloir être toujours le premier et m'empêchait pleinement d'être satisfait de moi, alors que, grâce à moi sur le podium, *La Marseillaise* avait retenti.

Je rentrai à Montélimar en champion, applaudi par les membres de club, salué par la presse, et chaleureusement félicité par mes proches.

– Fils, c'est grand ce que tu as fait…

Robert m'avait glissé cette phrase à l'oreille, sans en faire des tonnes, avec sa retenue habituelle, son ton sage qui me rassurait. Et je lisais dans le regard de Danielle toute l'admiration qu'elle me portait. Elle ne le formulait pas à voix haute, mais j'entendais : « Tu es hors norme, Jean-Baptiste. »

Le soir, dans ma chambre d'enfant, je réalisai l'exploit que j'avais accompli. J'étais fier pour moi et mon pays. Je n'avais qu'une seule envie, réitérer et aller encore plus loin. Ce n'était qu'un début, j'en étais persuadé.

*

Quand je rentre chez mes parents à Bonlieu, j'aime beaucoup éplucher ma revue de presse, surtout celle des débuts. Ma grand-mère paternelle, qui n'est plus parmi nous aujourd'hui, avait tout découpé, le moindre entrefilet sur mes performances régionales. La moindre photo de moi, le moindre article où mon nom est mentionné a été consigné. C'est un véritable trésor. Quand je vois les titres des journaux, j'ai un petit pincement au cœur. « De l'orphelinat du Burundi aux podiums », « Trois fois vice-champion du monde », « L'argent du bonheur », « Il est au championnat du monde », « Au firmament du sport »... titrait la presse régionale et sportive de l'époque.

C'était une période incroyable, ces débuts fulgurants en athlétisme, peut-être la meilleure, celle où j'étais au summum de ma forme, de ma confiance en soi, soutenu par un coach extraordinaire, des parents qui croyaient en moi, plein de joie et d'envie, pas du tout gagné par le ressentiment qui m'habite aujourd'hui.

Aujourd'hui, j'oscille entre la déception, la rancœur et un sentiment de revanche. Mais dans la revanche se niche la haine. La haine peut fournir une étincelle pour redémarrer, mais il ne faut pas que ce soit le seul moteur parce qu'on s'y brûle et l'on brûle les autres autour de soi. Je ne veux pas brûler mes proches. Je reste animé par l'inquiétude et le défi, par l'envie de me dépasser et l'assurance que je peux le faire, mais je crois que c'est un sentiment universel, que tout le monde éprouve, que le sens du défi est le moteur de toute vie humaine, que l'on ait une jambe ou deux.

– 2 –

L'athlétisme était entré de plein fouet dans ma vie, c'était ce qui me nourrissait physiquement, mais j'avais besoin d'apprendre un métier en parallèle, je savais bien que les carrières d'athlètes étaient courtes. J'aimais la nature, m'occuper des arbres, sans que personne ne me donne d'ordres. Tout petit, j'aimais passer la tondeuse dans le jardin des Alaize, planter des fleurs avec Danielle, cela m'apaisait. J'ai donc opté pour un CAP de paysagiste. Trois semaines en entreprise à Sauzet, dans la Drôme, une à l'école à Carpentras, le rythme me convenait bien, en ajoutant les entraînements d'athlétisme le soir quatre fois par semaine, mon emploi du temps était bien rempli. J'avais besoin d'un cadre, d'un rythme de vie soutenu pour canaliser ma trop grande énergie.

Avec l'école à Carpentras, il était difficile de participer aux entraînements, et je suivais ma formation dans une grosse compagnie d'entretien, dans un environnement de travail rude, en plein hiver dans la terre et la boue. D'autant que mes collègues n'étaient pas tendres avec moi. Je ne me plaignais jamais, j'endurais en serrant les dents. Parfois on élaguait des arbres de 100 mètres de haut, dans des conditions de sécurité pas toujours optimales.

Le soir, mon père venait me chercher à 18 heures, je me changeais dans la voiture, je passais mon jogging, et j'enchaînais avec deux bonnes heures d'entraînement à Montélimar, par tous les temps. Je rentrais dîner chez mes parents, j'avalais une soupe et allais me coucher. Je m'allongeais sur mon lit et m'endormais à 22 heures, épuisé.

J'ai réussi à tenir la cadence pendant deux ans, en alternant ma vie de bûcheron, mes stages en entreprise et les compétitions d'athlétisme internationales. J'ai réussi à être cinq fois champions du monde junior dans ces conditions, j'avais un mental d'acier et un physique hors norme.

Grâce à l'athlétisme, j'ai pu réaliser mon rêve de voyager, et surtout aux États-Unis. J'adorais les séries américaines, de type *Les Experts,* et j'écoutais en boucle du rap américain. En 2008, je me suis qualifié pour les championnats du monde handisport junior à Newark dans le New Jersey. J'allais pouvoir visiter New York ! Je touchais le bonheur, à tout juste dix-sept ans.

Quand j'ai vu la statue de la Liberté, j'ai contenu des larmes d'émotion, c'était un symbole fort pour le jeune homme indépendant que je devenais. Mais j'étais encore plus attiré par les buildings de Manhattan qui bravaient fièrement le ciel. Et quand je suis arrivé sur Times Square, j'ai été totalement hypnotisé par les pubs défilant sur les façades, je m'imaginais dessus, en tenue de sport, arborant fièrement ma prothèse. Ce serait un fort message envoyé au monde, le corps puissant d'une personne handicapée. Je suis resté là, longtemps, mon casque vissé sur la tête, la musique à fond dans les oreilles, la tête dans mes rêves. Quand je suis revenu à la réalité, les autres membres de l'équipe n'étaient plus là. J'étais perdu comme un petit garçon dans une ville inconnue, je ne parlais pas anglais, je n'avais pas de plan pour me repérer, mais je n'ai pas paniqué. Je marchais tranquillement, porté par mon instinct. Profitant du dynamisme de Manhattan, me gavant de l'incroyable énergie de la ville, des gens. J'ai fini par retrouver le groupe, le sourire aux lèvres, et au cœur une furieuse envie de gagner des médailles.

J'avais une prothèse de sprint avec une lame très souple, ce qui m'avait amené à améliorer mes performances ces derniers mois, j'étais donc en confiance. Mes espoirs n'ont pas été démentis. Je suis rentré à la maison avec une médaille de bronze sur le 100 mètres en battant mon record en 12"40, également de bronze sur 200 mètres, et avec ma première médaille d'or en saut en longueur pour un saut de 5,93 mètres, pulvérisant mon record de près de 30 centimètres ! J'allais loin, de plus en plus loin, j'étais lancé.

*

Quand je fais des interventions, je m'adapte au public en fonction de son rapport au handicap. Devant les valides, je tiens un discours pédagogique, je leur fais découvrir ce que souvent ils ne savent pas parce qu'ils n'y ont jamais pensé, que le handicap n'est pas une identité ni un état, mais une difficulté particulière devant une situation, et qu'il se caractérise essentiellement par la compensation qu'il exige, et à laquelle on peut travailler.

Devant les handicapés, je tiens un discours de niaque : la solidarité, c'est bien, l'aide, c'est parfois nécessaire, mais la liberté de mouvement, c'est quand même mieux. Alors imposez-vous, car vous êtes une force, dites bien haut et bien fort : tenez compte de nous ! Et enfoncez les portes, parce que personne ne les ouvrira pour vous !

Bien entendu, il est nécessaire d'entourer l'enfant handicapé, de l'aider si besoin, mais il ne faut pas lui mâcher le travail, ni le surprotéger. Il faut l'inclure. Danielle et Robert ont réussi avec moi, en étant présents sans me considérer comme un enfant faible. Il faut dire que j'étais très autonome et aussi orgueilleux au point de ne jamais supporter que l'on me prenne en pitié. L'enfant est fort si ses parents et son entourage eux-mêmes croient qu'il l'est. J'ai eu la chance de bénéficier de ce regard sur moi. La pitié est à bannir. Il ne faut surtout pas considérer l'enfant handicapé seulement comme une victime, ne voir en lui que son handicap. Évidemment, j'aurais préféré avoir mes deux jambes, et que ma mère biologique soit encore en vie, mais un handicap donne une impulsion incroyable dans l'existence, qui peut faire accomplir des choses hors du commun, comme être champion du monde d'athlétisme à dix-sept ans. C'est ce message que je porte.

– 3 –

J'étais assis, je fixais le plafond du grand gymnase de l'Insep. J'écoutais la présentation du protocole de l'école. J'avais du mal à me concentrer. La plupart des athlètes autour de moi étaient valides.

Le petit groupe de handisports était au fond de la salle, j'avais croisé le regard de l'un d'eux, avec un bras doré, les cheveux ramassés en dreadlocks, un sourire radieux. Les coaches expliquaient les règles et le programme des prochaines semaines, le discours réservé aux handisports est arrivé à la fin de la réunion et n'a duré que quelques minutes. J'ai entendu :

« Chacun doit s'adapter au mieux, il n'y a pas de privilège ; les entraînements seront donc mixtes, cela forge l'esprit sportif. »

Cela faisait deux jours que j'étais arrivé à l'Insep, avec plein d'envies, on m'avait dit que c'était la meilleure des écoles, celle qui forme des champions. J'étais désormais majeur, j'avais mon CAP d'horticulture en poche, je pouvais maintenant me consacrer pleinement à l'athlétisme. Tenter de vivre de ma passion. On m'avait dit que j'allais mettre toutes les chances de mon côté pour améliorer mes performances. Les plus grands sportifs en France toutes disciplines confondues étaient passés par l'Insep. Marie-Jo Pérec, Muriel Hurtis, Christine Arron, Teddy Riner… Il était rare que l'institut accepte des nouveaux handisports. Nous étions quatre cette année-là. Je n'étais pas interne à l'Insep, je vivais à Évry-Courcouronnes, j'avais quitté mon cocon de Bonlieu, et ici rien n'était comme dans mon petit village rassurant d'enfance. Le quartier était chaud. Mon premier soir, il fut bouclé par les CRS, je n'étais pas très rassuré. Cela me changeait de ma douce province. Je devais prendre le RER pour aller à Vincennes à l'Insep et à Issy-les-Moulineaux pour m'entraîner dans mon nouveau club.

À la fin de la présentation, le jeune homme au bras doré s'est approché de moi. Il avait une prothèse jaune à la place de l'avant-bras.

– Salut, je suis Arnaud, métis, originaire de banlieue, les cheveux longs et handicapé !

– Salut, je suis Jean-Baptiste, noir, orphelin, et handicapé ! »

Nous avons éclaté de rire. Arnaud Assoumani était à l'Insep depuis deux ans. Il était très solaire, souriant, charismatique. Il m'a tout de suite inspiré confiance. Comme moi, il faisait du saut en longueur, comme moi il avait essayé pas mal de disciplines. Petit, il voulait devenir champion de natation.

L'Insep, c'est une école de la vie et la possibilité de s'entraîner dans les meilleures conditions. Au début, je m'y suis vraiment épanoui, les handisports s'entraînaient avec les valides. À l'entraînement, il m'arrivait de dépasser le sprinter champion de France Ronald Pognon. L'Insep, c'est aussi la vie parisienne, l'appel de la nuit, l'attrait des soirées, des filles. On se sent jeune, beau, libre. La semaine, on était tellement sous pression que le week-end j'avais besoin de tout lâcher, je n'avais jamais vraiment fait la fête avant. Bien que majeur, j'étais encore un grand adolescent dans ma tête. J'étais loin de ma famille. C'était le lot de beaucoup d'entre nous. Il y avait énormément d'Antillais, dont certains mineurs, qui ne rentraient chez eux qu'une fois par an. Le stress était très fort à l'Insep, nous étions les meilleurs, et nous n'avions donc pas le droit à l'erreur. J'en ai vu craquer, ne pas tenir le choc, bercés de désillusions, il y a même eu quelques tentatives de suicide.

Au bout d'un an et demi, je suis passé interne, je ne supportais plus les trajets en RER. Mais je me sentais à l'étroit dans ma chambre, j'errais souvent le soir dans les couloirs. J'avais des problèmes de discipline et j'arrivais souvent en retard aux entraînements, ce qui agaçait mes coaches. Mon côté rebelle, indépendant, s'était renforcé depuis que j'avais quitté Bonlieu et mon cocon familial. Mais les coaches et le directeur sportif étaient impressionnés par mes résultats, au point de me faire passer chez les seniors, à dix-neuf ans au lieu de vingt-trois. Tout en me mettant en garde : je ne devais pas les décevoir, car là-bas, on n'aimait pas les perdants.

– Toi, t'es un peu foufou. Tout le monde le sait. Ça se voit au premier coup d'œil. Ça peut plaire à certains, pas à moi. Tu as fait des perfs incroyables, bravo, parfait, génial, tant mieux pour toi… ça ne se discute pas. Maintenant, à toi de prouver que tu n'es pas *seulement* un ado qui a *seulement* eu de la chance…

J'avais souvent droit à ce genre de réflexions d'un coach qui m'avait pris en grippe. Quand je lui posais des questions d'ordre technique par rapport à la prothèse notamment, il bottait en touche, mettant en avant que c'était le côté sportif qui primait, pas le côté technologique. Il ne savait pas faire avec le handicap, il ne savait pas gérer. Je m'étonnais du fait que personne à l'Insep n'était vraiment formé au handicap et surtout que rien n'était adapté aux handisports. J'étais ravi de m'entraîner avec les valides, mais il existe des spécificités, des ajustements, et parfois, j'avais l'impression de faire pitié aux athlètes valides ou, paradoxalement, qu'ils craignaient les performances des handisports, car circulait de plus en plus l'idée absurde que les prothèses nous avantageaient.

Lorsque j'encaissais ce genre de remarques, je sentais le sang me monter à la tête, mon corps se crispait, je serrais les poings, mais je me contenais, un geste de trop et je pouvais tirer un trait sur ma carrière. Mais cela bouillait en moi, mon envie d'en découdre, de faire taire les idiots, et de briller, de montrer de quoi j'étais capable à ceux qui doutaient encore de ma force.

*

La France m'a déçu. J'ai encore eu l'espoir d'être compris à l'automne dernier lorsqu'à la suite d'un entretien accordé au quotidien *Le Monde*, juste avant de repartir pour Miami, j'ai pu être reçu par la secrétaire d'État chargée des Personnes handicapées, Sophie Cluzel. Je retranscris ici une partie de nos échanges. Je n'étais pas du tout impressionné, c'est pourquoi j'ai pris la parole d'emblée :

« Je ne comprends pas, je suis champion du monde, j'ai représenté mon pays aux Jeux olympiques, et personne ne me connaît ici. Je suis la vedette d'un film de Netflix, et je reçois plus de messages de félicitations du Burundi, où ils n'ont même pas d'ordinateurs, que de France, mon pays. C'est pour ça que je veux partir.

– Vous touchez quelque chose, les médias français ne s'intéressent pas au handisport, alors que les Français l'aiment : les Paralympiques d'hiver en Corée du Sud ont fait des audiences extraordinaires. Je compte beaucoup

sur les Jeux paralympiques à Paris pour changer la donne en France.

– Oui, mais il faut avoir les moyens de le faire. Athlète de haut niveau, c'est un métier très dur. Depuis 2008, si j'ai eu 10 000 euros d'aides de l'État, c'est le bout du monde.

– Qu'est-ce que vous aimeriez faire si une entreprise était prête à vous donner un contrat de travail pour financer votre entraînement ?

– Je voudrais transmettre mon histoire. Montrer que tout est possible malgré le handicap. Je suis allé parler en prison devant de grands criminels. Ils m'ont expliqué qu'ils étaient là à cause de leur vie difficile. Je leur ai dit : "OK, mais moi, j'ai connu les pires massacres, j'aurais pu devenir un criminel comme vous et j'ai choisi autre chose." J'ai fait de mon enfer un bonheur, c'est ça ma vie.

– Je voudrais vous présenter à un groupe de personnes que j'appelle les "influenceurs positifs" : des personnes uniques et exemplaires, pas des héros, mais qui ont pris leur vie en main malgré leur handicap. Il faut qu'on fasse des émissions de télévision. Je vous prends avec moi. Je vous emmène chez le Premier ministre pour obtenir mon budget com ! »

Certes la crise du Covid a donné un coup d'arrêt à beaucoup de projets mais j'avais cru que les paroles de la secrétaire d'État aboutiraient à du concret. Si Sophie Cluzel avait tenu sa promesse, je ne serais pas parti à Miami, j'aurais tout fait pour œuvrer auprès d'elle pour l'insertion des personnes en situation de handicap dans le monde du travail, et faire en sorte que les handicapés ne se cachent plus, que le regard des autres ne soit plus pesant. « Il faut être diplômé » pour intégrer un cabinet ministériel ou même être consultant, m'a-t-on rétorqué. Pourtant, pour sortir des beaux discours politiques, il me semble urgent de faire appel à des gens qui ont l'expérience du terrain et vivent le handicap au quotidien, dans leur chair. Cela vaut bien tous les diplômes. Sinon rien n'avancera en matière d'inclusion du handicap.

– 4 –

Fort de nouveaux records au championnat de France espoirs à Saint-Florentin, notamment le record du monde des moins de vingt-trois ans en longueur avec un saut à 6,42 mètres, j'ai pu participer à mes premiers championnats du monde senior à Christchurch en Nouvelle-Zélande. J'avais beaucoup travaillé ma technique de course, pris de la puissance musculaire, gagné en maturité également. Je ne me laissais plus perturber par les remarques, j'avais à nouveau la niaque après des premiers mois rudes à l'Insep. Je voulais prouver aux coaches de l'école que je n'étais pas qu'un gamin chanceux et, surtout, gagner ma qualification aux Jeux paralympiques de Londres de 2012, car il s'agissait du dernier grand tournoi international qualificatif pour le rêve olympique. À Christchurch, il y avait plus de mille athlètes handisport venus de soixante-dix pays, le stade était magnifique, les infrastructures impressionnantes, tout près de la mer.

Et puis ça y était, j'évoluais dans la cour des grands, j'étais en senior !

À mesure qu'approchaient les épreuves, je me suis mis à stresser, à me demander si tout cela n'était pas trop grand pour moi, je ne sentais pas mes jambes à l'entraînement. Malgré les encouragements du public, je n'ai pas dépassé les 5,95 mètres, ayant raté quatre essais sur six, et j'ai terminé sixième du concours de la longueur, difficile ensuite de me remotiver pour le sprint. Je suis arrivé dernier au 200 mètres. Quelle déception violente ! Et je savais qu'à l'Insep le retour serait douloureux, que les entraîneurs n'allaient pas me louper. En effet, à peine arrivé à Paris, j'ai été convoqué pour essuyer des remontrances. On me reprochait de ne pas travailler assez, d'avoir du talent mais de le gâcher, de trop penser à faire la fête, de fanfaronner… Ils n'avaient pas tort, je n'étais pas prêt, mais ils m'avaient aussi envoyé trop tôt au casse-pipe.

À Christchurch, j'avais fait n'importe quoi. Dès que j'entrais en chambre d'appel, je délirais avec les autres athlètes, je ne pouvais pas m'empêcher de faire le clown. C'était plus fort que moi. Je faisais comme j'avais toujours fait, jusqu'ici cela portait ses fruits, je m'amusais et ça passait. Ils avaient raison, mais j'avais aussi du mal à digérer les paroles offensantes de l'un d'eux, toujours le même coach qui continuait de s'acharner contre moi. J'entendais en boucle des phrases de type : « Maintenant que t'es adulte, va falloir travailler comme un adulte, ou tu te barres » ; ou encore : « Tu te marres, tu te fais des potes, tu vis dans ton passé, et tu régresses… »

Régresser, je ne pouvais pas me le permettre, mais il fallait aussi que les coaches m'aident. Il est vrai que je me braquais, il est vrai que j'avais un fort caractère, mais je ne me sentais pas entouré, pas vraiment en confiance, et cela me coupait dans ma progression.

Quand je repense aujourd'hui au jeune homme impétueux que j'étais, cela me fait sourire. Je n'étais pas facile, mais je ne baissais jamais les bras, et j'ai gardé en moi la force et le côté rebelle des tout premiers championnats. Aujourd'hui à Miami, alors que je traverse une période de hauts et de bas, tout en me préparant aux Jeux paralympiques de Tokyo après une année d'incertitudes liées à la crise sanitaire, j'arrive à reprendre confiance.

En 2012, j'avais réussi à décrocher ma qualification aux Jeux paralympiques de Londres. Londres ou le berceau du mouvement paralympique.

L'histoire du paralympisme commence en effet en 1948 dans un hôpital militaire au nord de Londres, à l'hôpital de Stoke Mandeville, où un neurologue allemand, sir Ludwig Guttmann, organise au même moment que les JO de Londres des épreuves sportives pour chercher à accélérer le rétablissement de paraplégiques, vétérans de la Seconde Guerre mondiale. Grâce à la ténacité du neurologue, les premiers Jeux paralympiques se sont tenus à Rome en 1960.

En 2012, il s'est passé quelque chose de magique à Londres. Nous avons bousculé les stéréotypes comme jamais auparavant. La communication pour les Jeux paralympiques était offensive, quatre jours avant la fin des JO, des panneaux noirs intrigants avaient remplacé les anneaux olympiques un peu partout dans la ville, arborant un « merci pour l'échauffement » vivifiant et provocateur. Les organisateurs à qui on avait dit « mais c'est trop compliqué les handisports », « ce n'est pas vraiment du sport », s'étaient donnés corps et âmes pour faire de ces jeux une fête internationale tout en bousculant les clichés sur les personnes en situation de handicap. Les Jeux paralympiques transforment notre perception du monde, nous font comprendre qu'il n'existe pas d'être humain standard ou normal. Chaque athlète paralympique s'est au moins une fois entendu dire que sa vie serait impossible ; nous devons nous unir pour prouver que dans notre vie rien n'est impossible, pas même devenir des champions.

Lorsque j'ai atterri pour la première fois au village paralympique, j'ai tout de suite compris où je mettais les pieds, c'était comme une grande maison pour toutes les nations, nous formions une seule et grande équipe, avec ce sentiment d'appartenance à quelque chose de bien plus grand que soi.

La cérémonie d'ouverture était incroyable, une femme en fauteuil roulant portant la flamme, un spectacle pyrotechnique époustouflant, la reine Elizabeth qui déclare ouvertes les festivités, le logo paralympique affiché sur Tower Bridge, et puis cette foule, ce stade plein à craquer, alors que les rumeurs disaient que les billets ne se vendraient pas. Pendant toute la durée de l'événement, les stades et salles étaient bondés, dans toutes les disciplines, l'atmosphère électrique. Pour la première fois, le public était vraiment au rendez-vous à une compétition handisport. Nous avions gravi une marche dans l'histoire de l'olympisme. Et je comptais bien apporter ma pierre à l'édifice.

– 5 –

Dans le train qui me menait à Londres, j'écoutais de la musique à fond, je me réfugiais dans ma bulle, afin de ne pas me laisser gagner par l'excitation croissante à l'approche de la compétition. Je devais être beaucoup plus sage, j'avais mûri pour affronter mes premiers Jeux paralympiques. Je voyageais avec trois autres athlètes français, devenus mes amis. Avec eux, je me sentais bien, sur un pied d'égalité. Il y avait Clavel Kayitare, d'origine rwandaise, qui avait été gravement blessé à l'âge de huit ans par un éclat de grenade pendant le génocide, adopté comme moi par une famille française, Arnaud Assoumani, avec sa prothèse dorée à la place du bras, et Alain Akakpo, amputé de l'avant bras, ancien boxeur et membre du 8e RPIMa (régiment de parachutistes d'infanterie de marine). Je me sentais proche d'eux. Nous étions complices par nos histoires, nos handicaps et nos forces incroyables.

J'étais déterminé à gagner des médailles, mais à trois semaines du départ mon coach m'avait abandonné pour se dédier pleinement à l'entraînement de Ronald Pognon. On m'avait donc assigné un nouveau coach référent, il avait fallu tout reprendre avec lui, si proche de l'échéance, c'était une folie. J'avais perdu mes repères. Il fallait que j'explique à nouveau les spécificités du handisport. Je suis arrivé à Londres, le physique déjà fatigué, mais le mental remonté à bloc.

Tout l'été, en plus de mes entraînements, j'avais vécu à l'heure des JO, que je suivais à la télévision, je n'en revenais pas : j'allais fouler la piste qu'Usain Bolt avait électrisée quelques jours auparavant.

Je portais le dossard 2282, j'avais ma prothèse jaune, cette couleur me donnait de l'énergie, et le drapeau français peint sur mes joues. Le stade de Stratford était plein, 85 000 personnes frappaient dans leurs mains, j'entendais certains clamer mon nom, j'ai poussé un cri de guerre pour m'encourager. Au bout du quatrième saut, je ne sentais plus mes jambes, c'était très dur, mais j'avais réussi à me hisser jusqu'en finale. Mon coach me hurlait dessus, j'avais envie de pleurer. Ma course d'élan n'était pas satisfaisante, mon saut pas assez puissant, je savais que j'avais échoué, j'ai tapé du poing dans le sable, de rage. J'ai terminé le concours troisième dans ma catégorie des amputés tibiaux mais les juges nous ont intégrés au classement de tous les amputés, et j'ai donc fini sixième, j'avais l'impression que l'on m'avait volé ma médaille.

Après ma déception au saut en longueur, je n'arrivais pas à rassembler mes forces et à retrouver ma concentration, septième au 100 mètres, cinquième au 200 mètres, disqualifié au relais 4 × 100 mètres… les défaites s'enchaînaient, mais j'avais réalisé mon rêve en participant aux Jeux de Londres. Et puis ma mère et mon frère avaient fait le déplacement, j'étais fier malgré les échecs.

Tomber, se relever, ça fait partie de la vie, je suis bien placé pour le savoir.

*

Les semaines filent à Miami dans un grand soleil permanent. Je me fais des amis, je me crée une nouvelle bande, je m'entraîne assidûment afin de ne pas me laisser aller à la facilité de la vie ici. Hier, j'ai réalisé à l'entraînement la meilleure performance mondiale de l'année avec un saut à 6,78 mètres. Je n'avais pas eu de tels résultats en saut en longueur depuis 2019. J'ai participé également à deux championnats universitaires, je retrouve mon niveau, la confiance en moi surtout. Cela m'aide à combattre la peur. Oui, la peur, car à chaque saut en longueur, la peur s'invite. Tout le monde a peur, mais avec une prothèse une peur s'ajoute. C'est un ressenti propre aux athlètes handisport, les valides ont du mal à comprendre cela. Combattre l'appréhension, la peur, chaque fois que je m'élance vers le sautoir, peur que quelque chose lâche dans ma prothèse. Quand on saute, on dépend d'un élément qui est certes un prolongement de son corps, mais qui n'est pas à proprement parler connecté à son corps sur le plan sensoriel. Je ne sens rien quand je pose le pied de ma prothèse sur la planche d'appel, je ne ressens rien dans mon corps. Et il y a une question de déséquilibre aussi, il y a dix kilos d'écart entre ma vraie jambe et la fausse. Tout est donc dans la tête, le mental, sinon on tombe. On pourrait croire qu'avec le temps et l'expérience cela s'estompe, que l'on peut apprivoiser la peur, il n'en est rien. La peur est là, tenace, insidieuse, traîtresse.

Quand je bats un record, que je réalise une belle performance, un sentiment de puissance prend le pas sur la peur. Je sais que c'est provisoire, mais quand les performances s'enchaînent le mental envoie des signaux au corps, « tu es fort », « tu es capable », « tu es allé au bout ». Aller au bout, se surpasser, ne jamais baisser les bras malgré l'adversité, les complications du quotidien, les aléas de la vie, toujours croire en soi.

– 6 –

Le car des supporters était garé devant le stade. Mes parents étaient tout fiers devant la délégation de 54 supporters venus de la Drôme pour me soutenir aux championnats du monde d'athlétisme handisport qui se tenaient à Lyon cet été 2013. Le conseil général avait affrété un bus spécialement pour l'occasion, recouvert d'une banderole « Allez Jean-Baptiste ». J'étais ému, touché par leur enthousiasme. La saison avait été difficile, j'avais eu des mésaventures avec mon prothésiste parisien, qui avait fini ma nouvelle prothèse seulement deux mois avant les championnats. Elle était très belle, mais pas vraiment performante, elle était trop grande et me provoquait de violentes douleurs au genou, des inflammations, et un abcès au moignon à force de frotter à répétition sous l'os. Et puis je me remettais à peine d'une vilaine blessure survenue à l'entraînement du relais 4 × 100 mètres seulement deux semaines avant la finale. Nous étions à pleine vitesse lorsque mon relayeur m'avait passé le témoin, nos jambes se sont entrechoquées, je suis tombé, la douleur était saisissante. Mon tendon à la jambe gauche était ouvert, et j'avais un doigt de la main cassé. Une mauvaise chute qui a nécessité une courte hospitalisation, et, la veille des championnats, j'avais encore besoin de mes béquilles. Mais je ne voulais pas déclarer forfait, pour ma famille, pour la Drôme, j'étais l'enfant du pays, je ne devais pas les décevoir, qu'importe la performance, je serais présent.

J'ai souffert dès le premier jour des championnats, j'étais gêné dans mes courses. Au 100 mètres j'ai terminé cinquième de ma demi-finale et, au saut en longueur, j'ai terminé sixième de la compétition alors que la troisième place et le podium était à ma portée, je l'avais dans les jambes avec un saut à 6,40 mètres.

J'étais peiné évidemment, mais je ne pouvais pas faire mieux dans de pareilles conditions physiques, la douleur m'élançait à chaque foulée. Mon public a été indulgent avec moi, j'étais là surtout pour eux, et le spectacle offert par les athlètes handisport ne les a pas déçus. Il se passe toujours quelque chose de fort dans les compétitions handisport, une intensité liée au dépassement de soi. Autour du stade de Parilly à Vénissieux, il y avait des valides parmi le public, mais aussi de nombreux handicapés, tous à l'aise, comme chez eux, sans crainte du regard des autres. Comme aux Jeux paralympiques de Londres, je me suis senti appartenir à une grande famille, bienveillante, où personne ne regarde l'autre d'un œil réprobateur. Exactement ce que je ressentais toutes ces années passées dans ma drôle de famille adoptive, auprès de Danielle et Robert. Que je gagne, que je perde, peu importait, ces parents-là seraient toujours présents. Mes parents sont des taiseux, mais à la fin des championnats à Lyon, j'ai lu dans leur regard : « N'aie pas honte, ne baisse pas les bras, accroche-toi, quoi qu'il arrive nous sommes là pour toi. »

*

Je ne fais pas de politique, je ne souhaite pas en faire, de toute façon je n'y connais pas grand-chose. De même, je ne suis pas un spécialiste des relations diplomatiques entre la France et l'Afrique, mais s'il y a bien une chose dont j'étais sûr, c'était qu'il y avait quelque chose de pas net du côté du pouvoir français lors du génocide tutsi du Rwanda et donc du Burundi. J'ai toujours pensé que la France y avait une part de responsabilité, qu'elle avait laissé Hutus et Tutsis s'entretuer. Ce jour de fin mars 2021 où j'ai découvert dans la presse française les conclusions, accablantes pour la France, du rapport Duclert, constitué sur la base d'archives, à partir de travaux d'historiens – des cautions sérieuses, donc irréfutables selon moi –, j'ai ressenti un profond soulagement. Ce rapport prouve que la France est demeurée aveugle face à la préparation du génocide. Il souligne même la responsabilité du président de la République François Mitterrand et révèle que la France a livré en grandes quantités des armes et des munitions au régime hutu.

J'ai attendu ce moment toute ma vie, connaître la vérité sur ce génocide, et aujourd'hui ça me fait mal de comprendre ce qui m'a tant détruit. Mais la rencontre avec la famille Alaize a changé mon destin et ma façon de voir les choses, gommant ma volonté de revanche et la haine contenues en moi, pour devenir le meilleur des hommes. Je le savais déjà, mais cette reconnaissance de la responsabilité de la France me fait prendre davantage encore conscience que nous ne sommes que des pions gouvernés par des puissants sans foi ni loi, prêts à soutenir des tueurs, au nom de l'argent et du pouvoir. J'ai eu du mal à gérer mon émotion après avoir entendu la vérité. Aujourd'hui, je dis encore plus merci à la vie. Je partage mon expérience, sur les réseaux sociaux, pour inciter les gens à profiter de chaque jour de la vie comme si c'était le dernier, et ne pas perdre de temps à lutter contre le système, trop corrompu, alors que se battre pour réaliser ses rêves n'est pas vain.

– 7 –

Dans l'avion qui me menait à Bujumbura, je ne savais pas ce que j'allais découvrir. Je partais à la rencontre de ma famille, des survivants du massacre, je partais à la rencontre de moi-même.

Mon casque sur la tête, les yeux dans les nuages au travers le hublot, je me revoyais seize ans plus tôt aux côtés de Robert, faisant le voyage inverse. J'avais autant de questions que lorsque j'avais sept ans. Des flashes du passé me revenaient, ceux qui m'avaient hanté toute mon enfance et mon adolescence se rappelaient à moi. Ma mère dans un bain de sang, le lion avec la patte rouge, moi, enfant réclamant que l'on me rende ma jambe jetée à la poubelle, le sourire lumineux de Zita, Robert me tendant mes premières béquilles…

Nous avions prévu de faire ce voyage avec ma mère et mon ami Gautier depuis plusieurs semaines, j'en avais parlé lors d'une interview, c'est pourquoi une équipe de l'émission « Sept à huit » m'avait contacté pour me proposer de me suivre pendant ce retour au pays. En 2013, la situation au pays était moins tendue qu'avant, mais ce n'était pas pour autant un voyage simple, la présence des journalistes de TF1 a facilité nos déplacements. Nous serions plus libres de nos mouvements et en sécurité avec eux. Par l'entremise d'une voisine de la famille de mon frère Julien, au Rwanda, nous avions réussi à entrer en contact avec mes sœurs qui, contrairement à mon frère et ma mère, avaient survécu au massacre. Dans les petits pays, les connexions se font facilement, les gens se connaissent.

Sur le tarmac de l'aéroport de Bujumbura, une émotion immense m'a saisi, une décharge électrique dans tout le corps. Cette chaleur, ces odeurs, tout m'était familier. C'était fou, je pensais que tout était enfoui, et d'un coup tout remontait à la surface.

Dans l'aérogare, j'ai repéré des femmes avec des bouquets de fleurs. Mes sœurs. Tout de suite, je les ai reconnues. Leurs sourires, leurs joues rebondies, leurs visages joviaux, propres à notre famille. J'essayais mentalement de reconstituer le visage de ma mère biologique, en piochant dans leurs traits. Impossible. Maman était quelque part, au ciel, spectatrice de nos retrouvailles.

Une jeune femme s'est jetée dans mes bras, en pleurs, il s'agissait de Nadine, elle avait six ans la dernière fois que nous nous étions vus. C'était avant l'orphelinat. « Mugisha, Mugisha, je te croyais mort, oh Mugisha ! » Ernest, un cousin avec qui nous avions établi le contact, et qui comprenait le français, se chargeait de la traduction. Nadine a embrassé Danielle, un peu décontenancée par la situation. Puis, ma petite sœur Clarisse dont je me souvenais à peine, puisqu'elle avait deux ans à mon départ m'a serré dans ses bras, et enfin Médiatrice, ma grande sœur dont le visage m'était beaucoup plus familier, me serra si fort que j'ai cru étouffer. Elle me serrait fort pour rendre ce moment réel.

« C'est un miracle de te revoir Mugisha, un vrai miracle, notre père ne nous a jamais dit qu'il t'avait abandonné. Je pensais que tu étais mort ! »

J'avais du mal à réaliser pleinement ce qui se passait. Voir mes vraies sœurs auprès de Danielle, ma mère adoptive, comprendre que mon père biologique leur avait caché la vérité, c'était très fort, décontenançant. Mes deux familles se rencontraient, tout s'imbriquait avec une sensation étrange. J'étais à la fois acteur et spectateur de ce moment. Je me croyais dans un film.

Après les effusions des retrouvailles, nous avons embarqué à bord d'un minivan pour gagner les collines de Muyinga où je suis né. Dans la voiture, j'essayais de rattraper comme je pouvais un peu de temps perdu avec Nadine, lui montrant des photos de ma vie d'athlète, un selfie avec François Hollande lors de sa venue à l'Insep pour un déjeuner, des clichés de Paris et de la tour Eiffel. Elle riait beaucoup, dans un mélange de bonheur et de gêne. Moi aussi, j'étais heureux mais nerveux. Nous avions le même sang, mais comment renouer avec des gens loin desquels nous avions grandi ? Le paysage défilait. Très vite, au sortir de la capitale, les immeubles avaient cédé la place aux bananiers et à la terre rouge. Le contraste entre le vert vif des feuilles et le rouge sang de la route non bitumée était saisissant.

À l'approche du village, mon ventre s'est noué, l'angoisse de me confronter au passé, à l'horreur à nouveau. J'ai pris sur moi pour ne rien laisser filtrer. Le véhicule s'est arrêté. Médiatrice a dit :

– C'est là.

J'ai demandé à Ernest : « C'est là quoi ?

– Votre maison… »

Notre maison d'enfance n'existait plus, il ne restait plus qu'une ruine sous des broussailles.

Soudain mon cousin Ernest m'a demandé de le suivre, il voulait me présenter une femme, le crâne rasé et toute vêtue de rouge.

– Ta cousine, elle a les mêmes cicatrices que toi, elle était avec toi le jour du massacre…

La jeune femme un peu plus âgée que moi s'est avancée timidement, elle s'est mise à raconter ce dont elle se souvenait de ce jour d'octobre 1993.

– Nous avons reçu des coups de machette, déjà dans la maison, nos autres frères et cousins ont été tués, leurs corps sont encore dans les ruines. Mais j'ai trop peur, je ne peux pas parler…

Ernest m'a expliqué que notre cousine craignait encore les représailles. En effet, les regards des voisins qui restaient en retrait étaient inquisiteurs. Ils nous surveillaient à distance. La tension était palpable. Vingt ans après, les assassins étaient encore là, ils n'avaient pas été jugés.

Ma grande sœur Médiatrice était celle qui se rappelait le mieux le massacre. Elle avait réussi à s'échapper avec nos deux petites sœurs dans la forêt. Mais avant, elle avait assisté à l'horreur. Ce jour-là, elle ressentait le besoin de confier l'indicible.

– Vous avez quitté la maison, ils vous couraient après avec des machettes, maman avait déjà reçu un coup de machette dans le ventre, elle courait avec toi mais elle perdait beaucoup de sang.

Médiatrice m'a montré l'endroit où les Hutus s'étaient acharnés sur nous. Puis le trou, un trou où de l'eau saumâtre stagnait. Là où les Hutus avaient jeté le cadavre de ma mère et celui de mon frère. J'étais sonné, bloqué devant l'atroce vérité. Je n'arrivais plus à parler, je fixais l'eau noire du trou. Danielle restait un peu en retrait avec les journalistes. Elle voulait comprendre mon histoire, mais c'était très dur pour elle, également.

Nous avons repris la route. Alors que nous descendions dans la vallée, une foule s'était amassée au bord d'une route. Nous nous sommes arrêtés. Plusieurs femmes se sont ruées sur moi, criant mon prénom.

– Viens, Mugisha, viens ici, mon enfant !

L'une d'elles répétait « mon enfant » en boucle. C'était une tante, Elisabeth. Une tante de plus, pensais-je, ému et amusé à la fois. D'autres femmes se sont mises à me toucher, à soulever mon tee-shirt pour vérifier mes cicatrices.

– C'est lui ! C'est bien lui ! Pas de doute ! Comme il ressemble à sa mère !

Les femmes se sont mises à chanter et danser :

– Mugisha, la chance divine, on te voit aujourd'hui, on danse pour toi. Nous te voyons de nos propres yeux, tu n'as pas changé, tu es bien notre enfant, Mugisha.

Personne ne m'avait oublié, j'étais attendu comme l'enfant prodigue. Mugisha n'avait jamais été oublié. Mugisha renaissait, Mugisha n'avait jamais vraiment disparu. J'étais Jean-Baptiste et Mugisha à la fois. Aimé, célébré et admiré.

*

Je suis retourné deux fois dans mon pays d'origine. La dernière fois en août 2017, à l'occasion des Jeux de l'Amitié des Grands Lacs, en tant qu'ambassadeur de la paix pour motiver les enfants du Burundi, du Rwanda et de la République démocratique du Congo à trouver un avenir plus grand pour eux-mêmes et, par le sport, œuvrer à rapprocher les peuples de la région. Nous sommes partis trois jours à Bujumbura avec le champion de taekwondo Pascal Gentil et l'ancien capitaine de l'équipe de France de rugby Jean-François Tordo. Je rentrais des championnats du monde de Berlin. Je revenais chez moi en tant que champion, avec une médaille de bronze autour du cou, c'était une fierté. Je ne me voyais pas rentrer au Burundi avant d'avoir décroché des médailles, je voulais prouver que j'avais réussi et que je ne ressentais aucune haine envers le peuple hutu qui avait massacré ma famille. J'ai moi-même été affecté par le conflit, mais j'ai trouvé dans le sport un tremplin pour une vie meilleure.

J'espérais vivement que les Jeux de l'Amitié offriraient aux enfants un souffle nouveau et que ce serait l'occasion de rappeler la nécessité de l'unité et du dialogue entre les nations de la région africaine des Grands Lacs pour un changement social et une société plus harmonieuse pour tous. C'est vraiment là, le pouvoir du sport.

À l'aéroport, j'ai été accueilli comme une star. Plein de gens voulaient être pris en photo avec moi. Pour eux, j'étais l'enfant du pays.

Plus de deux cents enfants ont participé à l'événement.

Les festivités ont été entachées par des militaires corrompus qui ont bloqué deux bus d'enfants rwandais à la frontière avec le Burundi. Ils réclamaient de l'argent pour les laisser passer ; les enfants ont fini par arriver, mais après le début de la compétition. Les Jeux avaient lieu dans un grand parc aux abords de la ville, au pied des collines, dans des installations sportives sommaires. Je tenais le stand présentant les différentes disciplines de l'athlétisme. Les gamins étaient très curieux. J'ai appris aux petits à sprinter et sauter en longueur. C'était compliqué pour moi de bien courir sur la terre, le sol n'était pas plat, avec la prothèse c'était problématique. Beaucoup de petits n'arrêtaient pas de me poser des questions sur ma jambe. Il voulait toucher ma « jambe bionique », alors je la retirais, je leur expliquais son fonctionnement, comment la placer, l'enlever et la remettre. Ils étaient fascinés. Certains ont même dit : « Moi aussi j'en veux une ! » Un gamin s'est emparé de ma prothèse et l'a soulevée comme un trophée.

Je leur racontais mon histoire, et j'étais surpris qu'aucun d'entre eux ne soit au courant des guerres qui ont ensanglanté leur pays, et leurs proches. À l'école, dans les familles, le sujet était tabou. On n'arrivera jamais à faire le deuil au Burundi, si l'histoire demeure filtrée. Les blessures sont encore à vif, on sent que ça peut repartir du jour au lendemain, s'enflammer à nouveau, la paix est très fragile, elle ne tient qu'à un fil, et le pays est encore marqué d'une grande instabilité. Je ne comprends pas pourquoi il faudrait cacher cette vérité, aussi cruelle soit-elle, aux enfants. C'est leur histoire, ils doivent l'intégrer et la comprendre pour ne pas répéter les erreurs du passé.

Revenu au pays, je reconnaissais peu de choses à Bujumbura. Certains quartiers s'étaient européanisés, j'avais gardé en moi l'image d'un petit pays sauvage, et là je découvrais des lieux luxueux, des bars branchés avec des piscines à débordement. L'imagerie *bling bling* des rappeurs américains avait gagné du terrain. Mais cela ne gommait en rien la pauvreté criante, les inégalités incroyables. Les deux extrêmes cohabitent sans se rencontrer.

J'espère qu'un jour le Burundi s'en sortira, cela me fend le cœur que mon pays d'origine soit encore le deuxième pays le plus pauvre du monde après le Soudan du Sud. Son voisin, le Rwanda, est beaucoup plus riche et développé.

Durant ce voyage express, je suis passé par toutes les émotions, j'ai été témoin de beaucoup de fraternité entre les enfants, j'ai été accueilli avec générosité, mais j'ai également été confronté à des déconvenues et notamment à la violence et la corruption.

Avec mes cousins, je rentrais de soirée au petit matin. Nous étions devant mon hôtel à Bujumbura. Je prenais des photos des joggeurs matinaux pour faire une story sur Snapchat. C'est fou le nombre de gens qui courent dans les rues de Bujumbura à 6 heures du matin ! Un militaire, posté sur le trottoir d'en face a traversé la rue, il m'a foncé dessus, et a hurlé : « Tu n'as pas le droit de me filmer, détruis la vidéo ! » Mon cousin m'a traduit ses propos.

« Mais je ne vous filmais pas ! »

Le militaire m'a mis en joue, menaçant de me tirer dessus. Ça recommençait. Ce pays était marqué du sceau de la violence. Elle était palpable partout. Un rien la déclenchait. J'ai vu la même haine dans le regard du militaire que dans celui des bourreaux de ma mère. Le cauchemar ne cessera-t-il donc jamais ?! J'étais venu défendre les valeurs de fraternité, en ambassadeur de la paix, et la guerre se rappelait à tous. Un agent de la sécurité de l'hôtel est arrivé. Il a réussi à calmer le militaire qui voulait de l'argent. La violence et la corruption gangrènent mon pays d'origine. Il est difficile de changer les choses.

Malgré tout, à la fin de ce deuxième séjour au Burundi, j'ai ressenti pour la première fois que je pourrais peut-être retourner y vivre un jour, y avoir une maison, pourquoi pas racheter l'hôpital où j'ai été soigné après le massacre, pour lui donner plus de moyens. Renouer peu à peu avec mon passé et mes racines.

– 8 –

Aller au bout de ce voyage, récolter le maximum de réponses à mes questions, combler les vides de mon histoire. Je savais désormais d'où je venais, j'avais foulé le sol de mon village, affronté les fantômes du passé. J'avais vu le trou où ma mère et mon frère étaient enfouis, mais je n'avais pas les réponses quant aux intentions de mon père à mon égard lorsqu'il m'avait emmené à l'orphelinat. J'allais peut-être obtenir des réponses chez sa deuxième épouse, Lydia. Cette femme et sa famille nous ont reçus chaleureusement, mes sœurs, Danielle et moi. Pour m'accueillir, ils ont sorti une photo de Pascal, mon père biologique, le jour de son deuxième mariage. Il avait le visage émacié, la silhouette longiligne. Pas une seule photo de ma mère, son visage resterait donc à jamais effacé. Nous avons pris place dans la maison et avons commencé à discuter, installés sur un divan et des chaises en bois autour d'une table basse, devant des brochettes de viande. Mon cousin traduisait. Mon père était mort en 2001. Avec son secret. Les versions autour de ma disparition différaient selon les interlocuteurs. Lydia assurait que Pascal voulait que j'aille en France pour me faire appareiller et qu'il m'attendait, désespéré que je ne revienne jamais. Danielle s'est emportée.

– Ce n'est pas vrai, j'ai le certificat signé de sa main stipulant qu'il confiait son fils à l'adoption.

Lydia a haussé les épaules. Médiatrice, ma sœur aînée, a expliqué qu'ici, au Burundi, Mugisha aurait eu une mauvaise vie, une vie de moins que rien, c'est le sort que l'on réserve aux handicapés.

J'écoutais mais je n'arrivais pas à réagir, c'était comme si j'écoutais l'histoire de quelqu'un d'autre. Je n'étais ni ému, ni blessé. Sidéré.

C'était donc ça : mon père avait voulu me sauver. Je me raccrochais à ce récit. Il ne m'avait pas vraiment abandonné, il voulait m'offrir une meilleure vie. Oui, c'était cela la clé de mon histoire. Mon père ne m'avait pas trahi, son geste était courageux, généreux. Ce qu'il a fait pour moi était grandiose.

Avant 2013, je n'étais pas prêt à faire ce voyage bouleversant. Quand j'étais parti de l'orphelinat, je n'étais personne, tant que je n'avais rien à montrer à ma famille biologique, je ne voulais pas revenir. Je suis retourné au Burundi avec un parcours, des performances sportives, des médailles, Il m'a fallu seize ans pour en arriver là. Désormais, j'étais quelqu'un. Et j'avais reconstitué une partie de mon histoire.

– 9 –

À l'Insep, je stagnais. Je ne comprenais pas pourquoi m'entraîner dans les meilleures conditions de France m'handicapait plus que ne me portait. J'étais meilleur avant d'y entrer. Je ne m'y retrouvais plus. J'avais le sentiment que les coaches m'avaient cassé. Selon moi, l'Insep, c'est un peu l'usine, une machine à briser les sportifs, valides comme handisport. C'est du moins comme ça que je l'ai vécu. L'entraînement à l'Insep n'était pas assez individualisé. Il n'y avait aucun partage, les coaches décidaient des programmes des entraînements sans tenir compte des ajustements nécessités par ma prothèse. Je n'avais pas mon mot à dire, c'était violent. Pourquoi les handisports ne sont-ils pas coachés par des non-valides ? Seuls les non-valides peuvent nous comprendre, comme je l'ai déjà souligné auparavant, dans une performance handisport, il y a un volet physique important mais également technique et mécanique. Pourtant, l'Insep est doté d'un laboratoire de recherches pour améliorer les résultats sportifs.

Mes coaches ne m'aidaient pas à comprendre comment optimiser ma prothèse. Je me souviens de mon coach juste avant les Jeux de Londres. Je lui avais demandé d'alléger un peu le programme, car mon genou me faisait souffrir à cause d'une prothèse mal ajustée. Il n'avait rien voulu savoir et m'avait balancé une phrase qui me marquerait toute ma vie :

« C'est pas un petit jeune de vingt ans qui va me dire comment je dois mener mes entraînements, si t'es pas content, prends tes affaires et casse-toi ! »

À quelques semaines des Jeux, je n'avais pas d'autre choix que de continuer avec lui, mais mon genou était sur le point de lâcher.

Après toutes ces déceptions, j'avais pris une décision mûrement réfléchie, pas du tout sur un coup de tête comme le laissait entendre mon entourage : sur les conseils de mon ami sprinter Ladji Doucouré (multi-médaillé sur le 110 mètres haies), j'allais partir m'entraîner aux États-Unis avec lui. Je l'ai donc retrouvé à l'université de Columbia en Caroline du Sud. Là-bas, j'ai fait des progrès fulgurants, entraîné par le coach d'Allen Johnson (champion qui a dominé les haies pendant quatorze ans), certes valide, mais qui avait déjà préparé des athlètes paralympiques et connaissait leurs problématiques. Je devais tout reprendre à zéro, apprendre l'anglais, des nouvelles techniques de course et de saut. Là-bas, ça passe ou ça casse. Je m'entraînais de 9 heures à 15 heures, sans pause, et j'ai pu participer à des compétitions universitaires avec des valides, c'était très stimulant. L'entraînement était spartiate, tous les jours je devais monter en courant les marches d'un stade de 90 000 personnes, avec ma prothèse. Je me suis bien adapté. Je m'épanouissais, je me sentais pris au sérieux, bien plus qu'en cinq années à l'Insep. Les résultats ne se sont pas fait attendre. Après trois mois, lors d'une compétition universitaire, j'ai battu mon record de 30 centimètres, avec 6,59 mètres.

Aux États-Unis, on trouve également de meilleures prothèses, mais il faut compter 25 000 dollars pour ma prothèse de saut. Elle a été financée grâce à un partenariat avec le CFA (Centre de formation d'apprentis) de Nogent-sur-Marne, via leur fondation qui soutient des projets innovants et favorise l'insertion par la formation professionnelle. Mon nouveau prothésiste a travaillé avec celui d'Oscar Pistorius, toutes les conditions étaient réunies pour que je progresse vite. Pourtant les premiers essais avec cette nouvelle prothèse ont été compliqués. La lame était tellement puissante que ma jambe avait du mal à suivre et j'encaissais toutes les vibrations dans la hanche. J'ai mis au moins trois jours entiers pour maîtriser la synchronisation avec ma jambe et avoir les bonnes sensations.

Fin 2013, j'étais donc au meilleur de ma forme. Fort de cette préparation en Caroline du Sud, j'ai réalisé le record de France aux championnats de France en salle avec un saut à 6,40 mètres, record jamais battu depuis 1996. La fédération handisport a commencé à mettre en doute mes nouveaux résultats, suspectant du dopage. Car les clichés ont la dent dure par rapport aux athlètes qui choisissent de s'entraîner aux USA. Moi, j'avais de nouveau la certitude que je pouvais être un champion, un vrai.

*

Le gamin m'a tiré du lit ce matin, mon réveil n'a pas sonné. « Faut pas rater l'entraînement aujourd'hui, Booba sera là ! »

Hier, la soirée a été forte en émotions. J'ai reçu Booba chez moi ! Il y a quelques jours, j'ai rencontré le rappeur français, qui vit depuis plusieurs années à Miami. Booba, pour moi, c'est une star, une vraie, malgré les polémiques le concernant, j'ai beaucoup d'admiration pour lui. Il s'est fait tout seul, comme moi. Tous les deux, nous sommes cash. Lors de notre première rencontre, il m'a demandé ce que j'avais à la jambe, je n'ai pas tergiversé : « On me l'a coupée à la machette ! » Puis je lui ai raconté mon histoire d'une traite. Il m'a dit : « Je ne suis rien par rapport à toi, on ne peut pas te laisser de côté comme ça ». Le lendemain, il me mettait sur son Instagram et parlait de moi comme d'un exemple. Ce matin, il doit me rejoindre à l'entraînement, pour une séance de coaching.

Au début, il voulait juste faire un peu de musculation et un footing avec moi. Finalement, grisé par l'exercice, il a assuré à mes côtés un entraînement complet. Jamais je n'aurais pensé vivre un moment pareil !

Le gamin a filmé la séance. Le gamin c'est Bobby, un jeune de vingt ans, très débrouillard, sans domicile fixe. Bobby déborde d'énergie et a toujours le sourire. Je l'ai rencontré par l'entremise d'une amie française, jeune fille au pair ici, à Miami. Bobby disait vivre à Miami Beach, mais en fait le gardien de mon immeuble m'a appris qu'il dormait souvent dans le lobby de la résidence. Bobby était à la rue et n'osait pas l'avouer. Avec d'autres amis nous l'hébergeons tour à tour, et je n'ai pas hésité à le prendre sous mon aile. À condition qu'il me dise la vérité. Bobby a été adopté par une famille dans le Kentucky et, encore mineur, est venu tenter sa chance en Floride. Son histoire me touche, évidemment. Il ne me demande rien. Je lui ai prêté des vêtements, il m'aide à créer une chaîne YouTube, il filme tous mes entraînements, j'espère pouvoir le rémunérer un jour lorsque la chaîne sera rentable. Peu à peu, il est devenu mon assistant et mon protégé à la fois. Cela fait deux mois qu'il est entré dans ma vie, j'ai rarement voulu aider autant un jeune, il le mérite tellement. Je pense que j'ai hérité ce sens de l'entraide de mes parents Alaize, et surtout de ma mère Danielle, qui continue de porter au quotidien des adolescents en détresse et même une fillette paraplégique totalement dépendante. Je sais que je ne pourrais pas en faire autant que ma mère, mais avec Bobby je fais déjà ce que je peux. Et il me le rend bien. Oui, je peux être attiré par la lumière, par tout ce qui brille, adorer fréquenter des stars et vouloir aider les autres. Je n'oublie pas d'où je viens.

– 10 –

J'avais encore du mal à marcher, je m'appuyais plus sur ma prothèse que sur ma jambe valide, mon pied me faisait encore trop souffrir. Pour la première fois de ma vie, je me sentais vraiment handicapé. C'était un comble. Je ravalais mes larmes de douleur. Je n'avais plus eu aussi mal depuis ma deuxième amputation.

Comme tous les jours depuis plusieurs semaines, il fallait que je fasse ma balade dans le parc planté de pins du centre de rééducation de Saint-Raphaël, dans le Var, au sud de la France. Robert était venu me rendre visite. Je ne lui montrais pas ma douleur, je serrais les dents, grondant intérieurement. Je marchais avec une béquille, cela me renvoyait à la période de mon arrivée en France, quand je me promenais dans la nature avec mon père adoptif. D'abord, nous avons marché en silence, puis je l'ai écouté parler doucement, les yeux un peu rougis par le chagrin, remuant la tête, souvent, il fait ça quand il est ému.

– Tu vas te relever, n'est-ce pas ? Comme tu l'as toujours fait…

– Oui…

– Ta mère, elle pense que tu es reparti…

– Reparti où ?

– Tu sais, dans ton passé… Elle dit qu'elle l'a vu dans ton regard…

Après les bons résultats obtenus grâce à mon entraînement intense, j'avais passé quelque temps en Allemagne pour m'entraîner avec le champion de saut en longueur Markus Rehm, puis j'étais rentré en France. J'étais vraiment sur une belle lancée. Je devais retourner en Caroline du Sud quelques semaines plus tard. Mais le destin en a voulu autrement. Je sortais de chez Gautier, mon premier coach dont je suis resté très proche, nous avions regardé ensemble un match opposant le PSG à Monaco. Je rentrais tranquillement en scooter à Noisy-le-Grand où je logeais, j'ai accéléré dans une descente, une voiture m'a percuté. Le choc m'a projeté par terre, si violemment que ma prothèse s'est décrochée, je l'ai vue voler avant de heurter un trottoir. Ma tête a tapé le sol. J'ai entendu : « Ne le touchez pas, n'enlevez pas son casque, il a peut-être un traumatisme crânien. » Après, j'ai vu ma jambe valide en sang, j'ai entendu les sirènes des pompiers. Je souffrais lorsque je me suis réveillé aux urgences de l'hôpital de Nogent-sur-Marne. On m'a diagnostiqué une simple entorse, et les médecins ne m'ont pas fait plus d'examens pour évaluer si j'avais un traumatisme crânien. Je suis rentré chez ma copine, je n'ai pas dormi de la nuit. Le lendemain mon pied était mauve, ma jambe avait gonflé, elle était énorme. J'ai pris des anti-inflammatoires puis je suis allé voir le médecin de l'Insep. Son diagnostic était imparable. J'avais les ligaments internes et externes déchirés, un hématome à l'os du talon. Je me retrouvais doublement handicapé. Plus question de repartir aux USA. J'étais condamné à au moins quatre mois de rééducation intensive. Pour le médecin, cette blessure sonnait le glas de ma carrière. Mon ami Ladji Doucouré m'a alors conseillé un centre de rééducation à Saint-Raphaël.

Dans le parc du centre, nous poursuivions notre conversation avec Robert.

– Ta mère pense que tu es malheureux, que le sport ne t'apporte plus de satisfaction…

– C'est ma vie l'athlé…

– Oui, mais il faut que tu prennes bien soin de toi, tu es bien cassé quand même…

– J'ai toujours su franchir les obstacles, je ne vais pas m'arrêter, papa, c'est dur, mais je vais y arriver.

– Oui, et puis nous, on est là, quoi que tu fasses, on est là. Toujours…

Depuis l'accident, j'étais à nouveau tourmenté par mes cauchemars. Le sang, les rugissements du lion.

Cette fois, le fauve se jetait sur moi et me déchiquetait. Danielle avait raison, j'étais à nouveau hanté par mon passé. Quand l'intégrité de mon corps est menacée, les fantômes peuplent mon âme. C'était pénible, mais il n'était pas pour autant question de me laisser anéantir. Les entraîneurs de l'Insep pensaient que j'étais fini, j'allais leur prouver le contraire, mes ennemis du passé ont massacré ma famille, mais ils ont fait de moi un combattant, le lion me malmenait, je réussirais à le dompter à nouveau, à le ramener à moi et allier nos forces.

Dans le Sud, je me suis accroché comme jamais, je me disais que j'avais vécu pire que cette vilaine blessure, mon corps en portait les stigmates, et puis je voulais prouver à ceux qui m'avaient enterré trop vite que je pouvais revenir sur le devant de la scène. J'ai mis mon rêve américain de côté et me suis donné à fond dans ma reconstruction. Il n'y avait aucune opération possible, les ligaments repoussent, il faut donc les consolider. De mars à juin 2015, j'ai travaillé d'arrache-pied, matin, midi et soir. Avant l'été, je remarchais normalement, il me restait une semaine pour préparer les championnats de France, qualificatifs pour les championnats du monde à Doha en octobre de la même année. J'ai échoué à 5 centimètres des minima. Ma fédération handisport a été implacable, sans pitié ; j'avais pourtant prouvé qu'après des mois de rééducation j'étais capable d'être parmi les meilleurs. L'équipe de France ne m'a pas donné ma chance, alors qu'il me suffisait de quelques semaines pour décrocher une médaille, cette médaille mondiale, je l'avais dans les jambes, j'en étais certain.

Qu'importait Doha, j'irais à Rio.

*

Le sport à haut niveau est un rêve magnifique mais aussi, souvent, un miroir aux alouettes. C'est encore plus vrai pour le handisport. Vivre de son talent est quasiment impossible. Si le sport handicapé se professionnalise dans beaucoup de pays dont les États-Unis, en France, c'est loin d'être le cas, et se qualifier pour les grandes compétitions devient de plus en plus un exploit, car nous sommes obligés de travailler en plus des entraînements pour pouvoir financer nos rencontres. À long terme, beaucoup perdent espoir et se fatiguent à courir après les financements et les sponsors. Il n'y a pas de profil type, certains vivent de leur pension d'invalidité, d'autres de leur travail et de contrats de réinsertion qui permettent de libérer du temps pour les entraînements, et d'autres encore, les plus chanceux, de sponsors qui les accompagnent dans leur carrière.

Quand on fait du handisport, le salaire, en un sens, c'est la reconnaissance. Dans les écoles et lorsqu'on dit qu'on est en équipe de France, les enfants roulent de grands yeux parce que, pour eux, un athlète de l'équipe de France, c'est quelqu'un qui passe à la télé. Il faut qu'on ait davantage de visibilité, au moins pour nos proches qui ne comprennent pas toujours pourquoi nos sacrifices ne sont pas récompensés.

Le défi est de savoir comment on professionnalise, il faut penser le handisport et le mouvement sportif à long terme. Aujourd'hui, on a le plus souvent des athlètes pauvres qui donnent leur temps à leur patrie, qui sont des soldats pacifiques, et ces gens-là ne reçoivent pas la considération qu'ils méritent. Il faut passer du statut de handicapé qui fait du sport à celui de sportif de haut niveau avec un handicap. Ainsi les mentalités bougeront plus facilement. Il y a encore des injustices criantes. Par exemple, à la différence des valides, nous ne sommes jamais invités aux meetings, nous devons payer nos billets d'avion, de train et même l'inscription ! Par exemple, aux championnats de France à Lyon en 2013, alors même que la SNCF était partenaire de l'événement, nous avons dû payer nos billets de train ! On dépense plus que ce que l'on gagne. Aux championnats du monde de Londres en 2017, j'ai réalisé la troisième performance de tous les temps et je n'ai pas touché un euro. Ce n'est pas normal. Quant aux conditions de logement pendant les compétitions, elles sont bien souvent indignes. Aux championnats d'Europe de Berlin en 2018, j'ai dû partager une chambre d'hôtel prévue pour deux personnes avec deux autres sportifs ! Parfois on dormait à trois dans le même lit, parfois l'un de nous se sacrifiait et couchait par terre. C'est comme si nous avions fait du camping dans la chambre. Difficile d'être performants dans pareilles conditions. Nous avons demandé à la Fédé de nous obtenir une plus grande chambre, en vain. À Dubaï, l'année suivante, ce n'était pas mieux. Nous étions logés dans un hôtel dans son jus depuis des années, la chambre était certes plus grande, avec un lit et un salon, mais j'ai dû dormir sur un clic-clac avec des ressorts atroces qui me rentraient dans le dos.

Après mon accident de moto, mes sponsors m'ont laissé tombé, du jour au lendemain. Tous. J'ai eu du mal à en retrouver de nouveaux. Alors, je me suis battu tout seul, j'ai monté une société de lavage de voitures à domicile à Saint-Raphaël. J'avais rejoint un nouveau club, l'AMSLF de Fréjus. Je jonglais entre mon travail, de 9 heures à 15 heures, et mon entraînement, que j'enchaînais dans la foulée. Cela me rappelait quand je travaillais gamin dans l'horticulture. Je menais ma carrière avec peu de moyens, mais c'était difficile de s'envisager comme un vrai sportif professionnel. Je lavais des voitures pour financer ma participation aux Jeux paralympiques de Rio ! Être un athlète paralympique requiert bien des sacrifices, du temps, un investissement physique, mais également de l'argent. Je trouve cela profondément injuste.

– 11 –

Rio, ce rêve a bien failli ne jamais se concrétiser. J'étais qualifié mais, cinq semaines avant le début des épreuves, une menace planait sur les Jeux paralympiques et l'esprit paralympique. Le Comité d'organisation des Jeux olympiques avait utilisé une partie du budget paralympique pour compenser le déficit de l'organisation des JO. Ça aurait pu être annulé. Cinq semaines avant, le couperet était tombé, les Jeux paralympiques pourraient ne pas se tenir. C'était accablant : ils allaient sacrifier nos destins, nos histoires pour une histoire de sous, ils faisaient comme si nous n'étions rien, comme si nous n'existions pas. Nous étions considérés comme des citoyens de seconde zone. La flamme paralympique se serait éteinte sans la volonté et la ténacité des membres du Comité international paralympique présidé par Andrew Parsons. Heureusement, les instances dirigeantes paralympiques se sont mobilisées comme jamais en appliquant l'esprit paralympique. « Les paralympiens ne se soucient pas de ce qui ne fonctionne pas, ils optimisent ce qui fonctionne. » Ils ont mené une chasse aux financements et aux sponsors durant les JO. Nous avons appris la bonne nouvelle de la tenue des Jeux deux semaines seulement avant la cérémonie d'ouverture.

Au départ, les stades étaient vides, peu de billets avaient été vendus, l'ambiance n'y était pas. La communication avait été mauvaise. Et puis soudain le peuple brésilien s'est passionné pour le sport paralympique, la machine s'est accélérée, les gens sont venus par le bouche à oreille et, finalement il y a eu plus de spectateurs qu'aux Jeux olympiques ! Une sacrée revanche.

J'étais très heureux de participer à cette grande fête mais, pour les athlètes, il était compliqué de sortir du village paralympique, je voyais peu mon coach en dehors du stade, et je ne pouvais pas retrouver mon frère et ma belle-sœur qui avaient fait le voyage pour me soutenir. Je me sentais comme un lion en cage, j'avais envie de voir la ville, les plages, palper l'ambiance. Je ne me sentais pas libre. Et puis, il y avait des problèmes d'organisation, l'épreuve du saut en longueur se tenait en même temps que les dernières cérémonies de remise de médailles des JO. On entendait les hymnes et les applaudissements, c'était très perturbant. J'avais du mal à me concentrer. Nous disposions de très peu de temps entre les hymnes. Pour mon troisième saut, il me restait vingt secondes pour m'élancer. Je m'apprêtais à prendre mon élan, lorsque le juge m'a demandé de m'arrêter. J'ai redémarré, et il a recommencé, c'était infernal ! À chaque saut, j'avais du mal avec ma prothèse, elle restait à la traîne, je n'arrivais pas à la ramener plus vite.

Mon coach hurlait de rage. Je comprenais mal ce qu'il me disait, il y avait un grand fossé entre la piste et les tribunes. Je percevais uniquement sa colère, cela me bloquait. Quand on me crie dessus, je perds mes moyens, on n'obtient rien de moi comme ça, je le voyais agiter sa chaussure au-dessus de sa tête, menaçant. Il aurait suffi qu'il me dise calmement : « Ramène ta jambe »... J'ai mis beaucoup de temps à me mettre dans le bain. J'étais aussi tellement pressé d'aller loin, que j'en oubliait de soigner ma technique. Mon coach n'arrêtait pas de me crier dessus en me disant de lever mon genou et d'arrêter de penser à aller loin. Mais les trois premiers, sur leurs premiers sauts, étaient allés tellement loin que cela me stressait. Quand j'ai vu notamment l'Allemand Félix Streng, que j'avais battu quatre fois la même année, retomber à 7,13 mètres, j'ai cherché à changer ma technique pour le battre. Mon coach m'a asséné que j'avais fait n'importe quoi. J'ai tout de même battu deux fois mon record, sur mes deux derniers sauts. J'ai raté la médaille de bronze à 7 centimètres. Mon saut à 6,81 mètres, m'a permis de me classer cinquième de ces Jeux paralympiques. Un résultat qui ne me satisfaisait absolument pas. J'ai fini par me remettre dedans, mais c'était trop tard. Si j'avais donné tout ce que je pouvais, j'aurais pu accéder au bronze ou à l'argent. Je m'étais bien préparé cette année-là, je m'étais beaucoup entraîné, après quatre années où j'avais enchaîné les blessures et des résultats en dents de scie. J'ai regretté d'être arrivé tôt au village olympique. L'attente était interminable. J'allais rentrer assez frustré, car je n'avais rien vu ou presque de Rio, et je ne ramenais aucune médaille…

– 12 –

J'avais décidé de prendre trois semaines de vacances après Rio, avec mon frère. À mon retour à Saint-Raphaël, mon coach m'a convoqué, nous nous sommes retrouvés dans un McDo. J'ai tout de suite vu à son regard dur et son visage fermé que j'allais passer un sale quart d'heure. Nous avons mangé en silence, un silence pesant. Puis il a entamé la discussion par un sous-entendu :

– Alors, comme ça, je ne suis plus assez bien pour toi ?

– Pardon ?

– Tu dis des saloperies sur moi, tu veux me quitter, c'est ça ?!

– Ben, ça ne colle pas entre nous, on est d'accord là-dessus… À Rio, tu n'arrêtais pas de me gueuler dessus, c'est pas comme ça que ça marche avec moi, tu le sais…

– Ah ouais ? Et ça marche comment. En me pourrissant auprès des autres athlètes ?

– Mais, non, t'énerve pas. Je n'ai rien dit sur toi, on s'entend plus très bien c'est tout, ça ne regarde que nous…

Il s'était mis à sourire nerveusement, je voyais le coin de ses lèvres trembler.

– Écoute, coach, c'est mieux qu'on arrête de bosser ensemble, pour toi comme pour moi…

– Il y a des règles, je ne supporte pas qu'on bave sur moi !

Il s'est levé d'un bond, et le coup est parti, violent, puis un autre. J'ai pris plusieurs coups de poing au visage. J'étais KO, je n'arrivais pas à réaliser ce qui m'arrivait. Ça recommençait, la violence du passé me rattrapait, j'avais fait tout ce chemin, j'étais devenu un grand athlète, mon parcours était montré en exemple, et on me frappait à nouveau en pleine face ! Je devais contenir ma haine, ne pas rendre les coups. Je suis rentré chez moi en sang, mes voisins m'ont vu et emmené aux urgences. J'avais la figure tuméfiée. Il y avait trop de monde, l'attente était insupportable, je me suis rendu au cabinet dentaire d'un ami, ses assistantes m'ont recousu. J'en suis sorti avec dix points de suture. Je suis dur à la douleur, mais au fond de moi, je luttais contre la rage et la soif de vengeance, contre tout, contre les Hutus qui avaient tué ma mère, les racistes qui m'avaient pointé du doigt tout au long de mon parcours, les idiots qui se moquaient des handicapés, cette violence… Ces ennemis visibles et invisibles ne devaient pas me détourner de mon chemin.

J'ai publié des photos de mes blessures sur les réseaux sociaux, et porté plainte. Je n'ai reçu aucun soutien de ma fédération. Mais j'ai subi tellement de menaces, de pressions, que j'ai fini par retirer ma plainte.

Je suis parti à Bonlieu, chez mes parents, prendre de la distance avec tout ça. Faire le point. Je n'ai plus jamais eu affaire à ce coach.

À force d'écoute, de bons petits plats, de chaleur humaine, j'ai réussi à reprendre des forces, à me remettre dans le droit chemin, et à ne pas me détourner de mes objectifs. 2017 et 2018 seraient des années fastes pour moi, il ne pourrait en être autrement.

– 13 –

Suite à mon agression, j'ai été repéré par Jean-Charles Balme, un coach de Fréjus. Il m'a contacté sur les réseaux sociaux, nous nous sommes rencontrés, j'ai tout de suite bien accroché avec lui. C'est un homme sain, passionné, qui entraîne aussi bien des champions que des débutants. Il a autant de plaisir à voir ses athlètes décrocher une médaille au championnat du monde qu'à des compétitions départementales. Avec ce nouvel entraîneur et le travail acharné de mon prothésiste Jean-Charles Leberquier, j'ai retrouvé un mental d'acier. J'ai tout recommencé à zéro avec ces deux « coéquipiers ». Il fallait que je reprenne confiance, en moi et en les autres. Jean-Charles me proposait de me préparer en trois mois aux championnats du monde de Londres qui se tenaient durant l'été 2017. Londres, c'était un signe, j'aurais ma revanche sur les Jeux paralympiques, j'en étais certain. Il avait été coach de saut à la perche, et avait adapté les techniques propres à cette discipline au saut en longueur. Nous sommes partis à Miami pour faire un stage, les entraînements ont vite porté leurs fruits. Je me sentais pleinement écouté et épaulé par Jean-Charles. Il ne cessait de répéter : « Même si on a du talent, il faut travailler pour réussir, je crois au travail. On n'a pas de résultats sans efforts, le talent ne suffit pas. » Il a raison. À un certain stade, tout le monde a à peu près le même niveau. C'est celui qui en a le plus envie, qui est le plus investi, qui gagne. Nul doute, le travail avec Jean-Charles finirait par payer, pour preuve je partais à Londres avec pas moins de trente sponsors dans ma valise.

Je sentais que certains blocages m'empêchaient encore d'atteindre mon meilleur niveau. Des peurs qui me sclérosaient, et surtout de la colère, beaucoup de colère au fond de moi, ravivée par l'agression de mon ancien coach. Mes cauchemars me laissaient peu de répit, j'avais du mal à me reposer vraiment entre les entraînements. Pour aborder les championnats du monde avec sérénité, il me fallait m'apaiser. Psychologiquement j'étais trop tourmenté, à presque vingt-sept ans, il était temps pour moi de panser mes blessures en profondeur. Il fallait que je parle à quelqu'un. J'ai préféré aller voir une hypnothérapeute qu'un psy classique. Comme beaucoup de choses se passaient dans mon sommeil, j'étais certain que c'était là que je trouverais la clé de la réconciliation.

J'ai donc effectué plusieurs séances d'hypnose avec une femme, très belle, envoûtante, rousse aux yeux clairs. Elle me fascinait. L'intonation de sa voix me rassurait, sa capacité à entrer à l'intérieur de mon être, de mon histoire, me bluffait de séance en séance. Chaque fois, elle me fixait longuement avec douceur, en silence, me faisait travailler ma respiration, elle ne me posait pas de questions, mais me faisait aller à la rencontre de Mugisha. Chaque fois, je me détendais, je m'affaissais peu à peu sur le fauteuil, elle m'aidait à faire sauter mes verrous mentaux. Elle disait : « Tu as deux mémoires en toi, deux morceaux de mémoire, dont un qui a disparu. Ensemble, on va recoller ces deux morceaux. »

Chaque fois, je comptais avec elle, lentement, de dix à zéro, je me sentais partir avant la fin du décompte. J'entendais sa voix chaude, elle parlait du pardon, de l'existence infernale sans pardon. Je dormais, mais mon esprit restait en éveil, j'entendais toujours sa voix, je sentais mon cœur battre lentement, une chaleur m'inondait. J'entrais alors dans le tunnel, le tunnel de lumière, mais je ne voyais plus ma mère au bout, j'avais perdu ma mère. Elle disait qu'il fallait que j'accepte de sortir du tunnel, il ne fallait plus que je reste bloqué dans le tunnel. Elle disait :

– Tu dois pardonner, Mugisha, tu dois pardonner, il n'y a pas de vie sans pardon…

J'en ressortais chaque fois éreinté, mais je dormais mieux après chaque séance et, à l'entraînement, j'étais plus efficace.

J'ai réalisé une dernière séance d'hypnose à l'été 2017, juste avant les championnats du monde de Londres. Il s'est passé quelque chose d'incroyable. La thérapeute a réussi à me reconnecter avec ma vraie mère. Cette fois, il n'était pas question de tunnel, je me voyais sur une piste d'athlétisme, je courais, j'enchaînais les tours de stade, comme je l'avais fait la première fois adolescent, j'ai entendu la voix de ma mère, j'étais certain que c'était elle, cette voix dont j'étais privé depuis si longtemps, je l'entendais à nouveau, c'était magique. Maman disait : « Mugisha, c'est toi, le lion, montre-leur que tu es le meilleur ! » Je me suis réveillé, j'ai pleuré, beaucoup. Le lendemain, à l'entraînement, j'étais incroyablement performant. Je touchais au but, j'avais pardonné, la folie humaine avait tué ma mère, mais elle était là avec moi pour toujours. Oui, maman, tu as raison, je suis un lion, et désormais je ferai de ma rage une énergie et non de la colère. J'étais prêt pour Londres.

– 14 –

6,82 mètres. J'y étais, enfin, j'étais sur le podium. J'avais entendu la voix de ma mère encore une fois, juste avant de m'élancer pour ce premier saut. Avant de sauter, j'avais regardé les nuages et le soleil, la voix venant du ciel, ma mère était là, pour me donner la force. J'ai senti des frissons partout dans le corps, j'avais des larmes d'émotion, tous mes sponsors m'encourageaient, mon entraîneur également. Je me suis mis à jouer avec le public, je me sentais bien. J'ai battu le record de France dès mon premier saut, et j'ai décroché la médaille de bronze, ma première en championnat du monde senior. Sur le podium, je serrais fort ma médaille, la médaille de ma revanche. J'avais enfin trouvé les bonnes personnes pour m'entourer. J'ai dormi longtemps avec ma médaille, comme un petit garçon qui remporte son premier trophée, je revivais, j'oubliais les obstacles passés. Ensuite, à l'entraînement, j'ai réussi à sauter à plus de 7 mètres, j'étais bien loin des prouesses de mon ami allemand Markus Rehm à 8,48 mètres, mais j'étais enfin aligné, bien dans ma peau, mieux dans ma tête. « *No excuse* », je me répétais cela comme un mantra, la vie est un combat incessant.

L'année suivante, j'ai réitéré l'exploit au championnat d'Europe à Berlin, avec une médaille de bronze mais avec un saut à 7,20 mètres ! Pourtant les conditions étaient difficiles, je partageais ma chambre avec deux autres athlètes, il faisait froid, 14 degrés à peine en plein mois d'août, j'avais gardé mes collants pour la compétition, j'étais cinquième avant le dernier saut. Jean-Charles était confiant, il n'arrêtait pas de répéter, avec son calme qui me correspond bien : « JB, ça va le faire, je le sens. » Je me suis concentré comme jamais, il y avait un vent fort qui vous sortait du couloir, ce qui est problématique en saut en longueur, car chaque foulée est étudiée pour pouvoir arriver parfaitement sur la planche avec le bon pied. Durant les 40 mètres de course d'élan, le vent m'a perturbé, j'ai alors imaginé qu'il y avait beaucoup de soleil, que le vent était chaud, j'entendais le speaker inciter le public à m'encourager, j'ai couru si vite, j'ai réalisé l'impulsion sur la planche et je me suis envolé, c'était une sensation incroyable de puissance et de liberté, je suis retombé, le public a hurlé de satisfaction. Jean-Charles sautait de joie, je ne comprenais pas ce qui se passait. J'attendais, les juges prenaient leur temps, le résultat est tombé : 7,20 mètres ! J'avais réalisé la troisième meilleure performance de tous les temps ! De quoi gonfler ma détermination pour les compétitions à venir. Tokyo en 2020 s'ouvrait à moi. J'étais certain que ces troisièmes Jeux seraient les bons pour moi. Il ne me manquait plus qu'une médaille paralympique pour être satisfait de mon palmarès.

– 15 –

« Comme le sentiment d'avoir été violé à l'aéroport de Nice ! L'agent de sécurité qui me fait aller dans une cabine et me demande de me déshabiller ! Très choqué, j'ai eu une altercation avec lui, il a appelé la police, sans comprendre qu'il avait atteint à ma pudeur. Pas même d'excuses ! »

En février 2019, j'ai posté ma stupeur sur les réseaux sociaux. J'ai vécu un événement traumatisant, qui m'a renvoyé cruellement à ma condition d'handicapé. C'était à l'aéroport de Nice. Je devais me rendre à Lille pour participer à un séminaire avec l'un de mes sponsors. J'étais parti un peu à la dernière minute de chez moi, je craignais de rater mon vol. Je m'étais fait chic pour l'occasion, je portais un costume.

Arrivé au portique de sécurité, un agent m'a demandé de retirer mes chaussures, j'ai refusé, arguant que je portais une prothèse, et que c'est pour cela que le portique sonnait à chacun de mes passages. L'agent a refusé de me croire. Il m'a demandé de le suivre dans une cabine et de me déshabiller. J'ai baissé mon pantalon devant l'agent qui me toisait en croisant les bras.

– Vous n'avez pas le droit de faire cela, vous savez…

– J'ai le droit, je fais mon métier.

Là, je me suis senti humilié, stigmatisé, rabaissé. J'ai senti monter la colère face à une telle injustice. Dans ce genre de situations, il m'arrive de perdre mon sang-froid, cela ravive la violence que je contiens au quotidien, le lion qui sommeille en moi est prêt à rugir.

– Vous vous rendez compte de ce que vous faites, vous me manquez de respect ! Je voyage beaucoup, même aux États-Unis ou à Dubaï, on ne m'a jamais traité comme ça ! Je vais appeler la police !

Suite à notre altercation, un policier de la Paf (police aux frontières) est venu s'interposer.

– Que se passe-t-il, messieurs ?

– Cet agent m'a forcé à me déshabiller parce que je refusais de retirer mes chaussures, alors que j'ai une prothèse au tibia, c'est inadmissible.

– Ce n'est pas vrai, monsieur, je ne vous ai pas forcé, vous avez vous-même baissé votre pantalon…

Devant la police, l'agent voulait me faire passer pour un menteur. Le policier s'est excusé, l'agent de sécurité non. Je voulais avoir le dernier mot, je ne pensais même plus à mon avion. Je voulais qu'il reconnaisse ses torts, l'affront qu'il m'avait fait. Je n'arrivais pas à décolérer. Le policier nous a séparés et m'a demandé de le suivre.

– Monsieur Alaize, je vais vous accompagner jusqu'à votre avion, nous avons retenu le vol.

En effet, les portes de l'avion étaient fermées. Je déteste me faire remarquer, mais là je ne pouvais pas me laisser faire. Le policier m'a dit que j'avais le droit de porter plainte, j'ai préféré opter pour une riposte médiatique. Je n'agissais pas pour moi mais pour tous les handicapés humiliés dans ce genre de situations. À mon arrivée à Paris, j'ai contacté mon attachée de presse qui a mobilisé plusieurs médias, et nous avons raconté ma mésaventure sur les réseaux sociaux accompagnée du hashtag #discrimination.

L'aéroport de Nice a présenté ses excuses, sur Twitter, « pour cette mauvaise expérience. Sachez que nous sommes très sensibles au bien-être de tous nos passagers ». Mais j'ai appris par des journalistes que le directeur, bien qu'embarrassé par cette histoire, estimait que j'avais quelque peu exagéré. Je ne regrette absolument pas d'avoir médiatisé cette affaire. J'ai reçu de nombreux messages de personnes handicapées confrontées à des situations similaires. Et je me suis rendu compte que ce que j'avais vécu n'était rien à côté d'autres humiliations. Une femme m'a confié qu'un agent de sécurité avait demandé à son fils tétraplégique de se lever de son fauteuil !

J'espère que cette mésaventure pourra ouvrir les yeux des Français sur le handicap et les humiliations quotidiennes qu'on nous inflige. Depuis, quand j'arrive à l'aéroport de Nice, je suis traité comme un roi. Je n'en demande pas tant, je veux juste être considéré pour ce que je suis, un être humain qui n'a pas à subir pareilles humiliations. Et je ne cherche aucunement à provoquer des buzz médiatiques pour faire parler de moi, je préfère être dans la lumière pour mes performances sportives, croyez-moi !

– 16 –

Les choses bougent. À moins de cent jours de l'ouverture des Jeux olympiques de Tokyo, l'annonce est tombée : au Japon, la France aura pour la première fois une « équipe de France unie », rassemblant sous le même drapeau tous ses athlètes, valides et handisport, unis sous la même bannière, sans distinction. Même si nous ne participerons pas aux épreuves olympiques mais bien paralympiques, c'est une décision forte, une occasion unique de changer le regard sur nos performances. L'excellence sportive ne fait pas de distinction de handicap, de genre ou de discipline. De cette grande équipe naîtra une belle émulation. Nous pourrons dire « nous sommes l'équipe de France » non plus « nous sommes l'équipe de France paralympique », le symbole est de taille.

Après une fin d'année 2020 difficile, liée à la perte de mes sponsors et à la pandémie qui a mis un terme aux compétitions sportives, je suis désormais dans une bonne dynamique. J'ai repris confiance sur tous les plans. Aviva France, Épargne Actuelle et Adidas me soutiennent à nouveau et m'accompagneront lors des championnats d'Europe en Pologne et de France, à Albi, en mai et juin. Décrocher une médaille à Tokyo me permettrait de clore ma carrière sportive et d'entamer ma reconversion l'esprit tranquille et pleinement satisfait. Je veux que ma vie puisse être une inspiration pour les jeunes, handicapés comme valides, pour, à mon humble niveau, changer le monde. Œuvrer à rendre plus tendre et bienveillant le regard sur les gens différents. En ce sens, je suis en train de créer mon association baptisée Mugisha, « l'enfant de la chance » en kirundi. Je proposerai un accompagnement sportif à des jeunes handicapés pour les aider à concrétiser leur rêve d'athlète, je travaille également à la création de ma marque de vêtements de sport, No Excuse, inspirée de mon histoire. L'idée m'est venue en coachant des jeunes à la salle de sport et de musculation, en m'entendant leur répéter sans cesse « *no excuse* », lorsqu'ils étaient découragés. Tu es en surpoids, pas d'excuse, tu peux te dépasser ; tu as une jambe en moins, pas d'excuse, tu peux être un champion. Tant que la motivation est là, tu te dépasseras. Je veux créer une marque qui ait du sens, avec un message et une histoire derrière, une forme d'éthique en quelque sorte. J'ai également repris contact avec la compagnie de théâtre Colony qui gère plusieurs projets culturels en Floride. Nous préparons pour l'automne un one man show autour de mon histoire, un stand up de près de deux heures mettant en scène les moments marquants de mon parcours. Je m'imagine déjà sur scène, réalisant mon rêve américain et expérimentant une nouvelle façon de parler d'inclusion du handicap. C'est dans cet esprit que j'avais participé à l'émission de télévision Ninja Warrior en 2018, même si je n'avais pas terminé mon parcours semé d'embûches, j'avais montré que c'était possible de relever ce défi fou. Cette perspective me pousse encore plus en avant. C'est ça mon rôle, répéter des principes simples, avoir de l'énergie pour le dire encore et encore : les problèmes sont tout à fait surmontables ; transmettre des valeurs, la solidarité, la tolérance, celles que mes parents adoptifs m'ont inculquées, avec un grand sourire, toujours.

– 17 –

Ce soir, je fête mes trente ans avec mes amis de Miami. Ce soir, je fête mes trente ans, je danse, je ris, je partage mon enthousiasme mais, je ne sais pas pourquoi, une pointe d'angoisse me perturbe. Un petit pincement au cœur qui ne me lâche pas. Je n'aime pas cette sensation. Je me vois dans le miroir de l'entrée de l'appartement, mes amis dansent autour de moi. Je suis face à un jeune homme amaigri. La Covid m'a mis à plat ces trois dernières semaines. Mais elle ne m'empêchera pas de tenir mes objectifs sportifs ; j'ai perdu du muscle, pas la volonté. Je ne sais pas pourquoi je suis inquiet, quelque chose m'empêche d'être pleinement dans la fête. Maman ne m'a pas encore souhaité mon anniversaire, c'est étrange de sa part, elle n'oublie jamais ce genre d'occasions. Je dois bientôt rentrer en France pour faire le stage de préparation aux championnats d'Europe handisport qui se tiennent début juin à Bydgoszcz, et avant j'irai passer un peu de temps auprès de mes parents.

– Allez JB, viens danser !

La musique est de plus en plus forte, il faut que je fasse honneur à mes invités, que je célèbre la vie, cette nouvelle décennie qui s'ouvre à moi. Trente ans, bel âge pour prendre ma retraite sportive, pour écrire un nouveau chapitre de mon histoire. Se retirer à trente ans avec une médaille paralympique autour du cou, ce serait magnifique, pas uniquement pour moi mais aussi pour mes proches. Mes parents adoptifs et mes parents biologiques aussi, je les inclus tous dans mes victoires. Mes défaites, je ne les dois qu'à moi-même.

La fête touche à sa fin. Je vais me coucher, toujours avec cette boule d'angoisse nichée au creux de ma poitrine. Je ferme les yeux, j'essaie de m'apaiser. Alors que le sommeil me gagne, j'entends mon téléphone vibrer. Certainement des amis qui me souhaitent encore mon anniversaire. Je regarderai demain. Le portable vibre de plus belle. Ce doit être maman. Le prénom de Julien s'affiche sur l'écran. Je finis par décrocher.

– Jean-Baptiste, je n'ai pas une bonne nouvelle, c'est maman, elle a fait un infarctus, il faut que tu viennes !

Je demeure sans voix. Je reçois l'information comme un uppercut. Je n'arrive pas à respirer. Maman ! Non, pas Danielle, on ne peut pas m'enlever Danielle. J'ai encore beaucoup de choses à lui prouver, et elle a encore beaucoup d'amour à m'offrir, ça ne peut pas s'arrêter comme ça. Le jour de mes trente ans ! C'était donc ça, cette satanée boule d'angoisse, je fêtais mon anniversaire alors que maman avait une crise cardiaque. Elle ne m'a pas porté dans son ventre, mais nous sommes connectés. Je dois la voir, je dois être à ses côtés. Lui tenir la main, l'aider à se battre, lui apporter un souffle de vie.

Je me lève, je prépare mes affaires à la hâte, il n'y a pas une minute à perdre. Je trouve un vol qui fait escale à Barcelone. Je n'arrive pas à fermer l'œil du voyage, je ne peux pas prendre de nouvelles de maman. La dernière fois que j'ai eu Julien au téléphone, avant le décollage, elle était sur la table d'opération. Je m'accroche à l'idée un peu folle que plus mon avion vole vers l'Europe plus maman ressent de bonnes ondes. Elle va s'en sortir, il faut ne pas lâcher cette pensée positive. Elle va s'en sortir.

– 18 –

Maman me serre dans ses bras. Elle est tellement fière de moi. Je viens de sauter 7,14 mètres ! Une performance inespérée. Je suis « l'invité surprise » des championnats bi-départementaux d'athlétisme qui se tiennent chez moi au stade Fernand Bonnieu de Montélimar. Il s'agit plus d'un entraînement que d'une compétition pour moi. Mais ce saut me rassure. 7,14 mètres, ce saut me met dans la course pour Tokyo, alors que j'ai échoué la semaine dernière en Pologne, aux championnats d'Europe. J'ai terminé quatrième, la plus mauvaise place. Au pied du podium, comme c'est rageant !

Maman est rentrée à la maison, elle se remet bien de sa crise cardiaque, il faut qu'elle se repose, mais elle ne pouvait pas rater ça. J'ai eu tellement peur lorsque je l'ai vue sur son lit d'hôpital. J'ai vraiment cru la perdre. Quand elle était alitée, je ne lui lâchais pas la main et j'ai réalisé que mes parents ne sont pas éternels, il faut que je sois plus présent. Bien que ma vie, pour le moment, soit plutôt à Miami, loin de Bonlieu, je me suis fait la promesse de rentrer plus souvent en France. Les Alaize ont besoin de moi, et j'ai besoin d'eux. Je me nourris de leur amour. Ce mois de mai passé à leur côté m'a fait un bien immense. Et si aujourd'hui je saute de nouveau à plus de 7 mètres, c'est en partie grâce à eux, à l'énergie et la force qu'ils m'insufflent. Je viens de vivre le plus beau concours depuis des mois parce que mes proches étaient là pour m'encourager. Il y a mes parents, Julien et son fils, mon neveu de deux ans que je n'ai pas vu grandir, des amis d'enfance. Le public a été autorisé à venir suite au déconfinement et à l'assouplissement des restrictions. Entendre des gens scander son nom, il n'y a rien de plus stimulant.

À Montélimar, je m'entraîne à nouveau avec Benoît Constant, mon tout premier coach. C'est un retour aux sources en quelque sorte, une façon de boucler la boucle. Je me sens donc en famille. Il sait que j'ai pris l'habitude de m'entraîner de manière autonome, je corrige tout seul ma technique en visionnant des vidéos de mes courses d'élan et de mes sauts. Il respecte l'athlète que je suis devenu.

Même si je n'ai pas décroché de médaille à Bydgoszcz, dans ce grand stade triste, sans public, retrouver la compétition m'a été bénéfique. J'ai pu revoir mon ami allemand Markus Rehm, qui vole vers l'or paralympique avec ses performances à plus de 8,60 mètres ! Markus est incroyable. Nous nous sommes entraînés ensemble en 2015, et à chaque compétition, ce grand champion se comporte comme un frère avec moi. Il a toujours la petite phrase qui va me remotiver, me donner confiance en moi. Ainsi, en Pologne, quelques heures avant la finale, il m'a glissé à l'oreille : « Je suis fier de ton parcours ». Et il ne manque jamais une occasion de me donner un bon conseil comme « mets tes épaules en arrière ». Quand j'ai quitté la Pologne, un peu déçu par ma performance, il m'a dit qu'il comptait sur moi pour être à ses côtés sur le podium paralympique cet été. Je me fixe cet objectif. Avec mon saut à 7,14 mètres, et ma volonté de fer, je me dis que rien n'est impossible. Et si je ne suis pas sélectionné pour Tokyo, sa parole compte tout autant qu'une médaille pour moi, sinon plus.

Je suis un corps entier confronté à un problème, et c'est le même problème pour tout le monde finalement, et comme tout le monde j'apprends à le résoudre avec mon corps tout entier. Si on n'a pas d'ailes, on fait sans et on se débrouille. On ne se pose pas la question de ce qu'on ferait avec des ailes, on ne passe pas son temps à se morfondre de l'absence d'ailes. C'est pareil avec l'absence de ma jambe, c'est pareil avec chaque handicap. On n'a pas d'ailes mais il nous reste la vie. La jambe est absente. La vie non.

Épilogue

6 juillet 2021. Je suis assis sur la plage d'Antibes. Je regarde l'horizon. Je me sens libre. Pourtant, j'ai appris il y a quelques heures la mauvaise nouvelle. La Fédération française handisport ne m'a pas sélectionné pour les Jeux paralympiques de Tokyo. Malgré mes dernières très belles performances, malgré tout le travail mené ces cinq dernières années pour revenir dans la course. Je n'ai pas obtenu d'explication. Impression d'être un jouet que l'on prend et que l'on jette quand on s'en est lassé. J'aurais préféré partir de la compétition sur une blessure, plutôt que comme ça, sans véritable raison. Je voulais terminer ma carrière en beauté, on me prive de cette dernière satisfaction. Mais la médaille, ce n'est pas moi qui la rate. Je n'ai pas échoué sur le plan sportif. Une médaille aux Jeux se gagne quand on passe les 7 mètres, et ça, j'ai déjà prouvé que j'en étais capable. Serais-je en train de payer le fait d'avoir pris mes distances avec la France ?

Je m'interroge. La liberté doit avoir un prix. Oui, il doit s'agir de ça. Je suis sous le choc, mais j'ai plus d'une fois surmonté bien pire.

Le lion en moi est toujours là, je ne peux pas changer le passé, mais j'ai pardonné à mes bourreaux, tous, ceux qui ont tué ma mère, ceux qui se sont moqués de mon handicap et de ma couleur de peau, ceux qui m'ont rabaissé, violenté. Il m'a fallu du temps, mais j'ai pardonné.

J'ai une jambe en moins, mais je ne vis pas avec quelque chose en moins. Je préfère voir le verre à moitié plein. D'ailleurs, je ne vis pas à moitié. Je vis à fond. On a voulu étouffer la vie en moi alors que je n'avais que trois ans, on a voulu anéantir l'enfant qui riait avec sa maman, qui jouait pieds nus et insouciant sur la terre chaude de son Afrique natale. Un temps j'ai cru avoir tout perdu, ma famille, une partie de mon corps, ma raison d'être. Je ne voyais pas bien le sens d'être encore en vie après tout ça. Au Burundi, dans ce petit pays aussi sublime que cruel, j'étais Mugisha. J'ai enfoui Mugisha en moi, cet enfant abandonné, amputé, divisé en deux. J'avais peut-être du dégoût envers lui, cet enfant souffrant, handicapé. J'éprouvais certainement de la culpabilité. Ma mère et beaucoup d'autres de ma famille n'avaient pas survécu au massacre, et moi, j'étais vivant. C'était injuste. Puis j'ai renoué avec Mugisha, grâce au sport, à la course, au saut en longueur. Jean-Baptiste s'est réconcilié avec Mugisha, Jean-Baptiste et Mugisha ne font plus qu'un, et ensemble ils sont invincibles, rien ne peut les atteindre, pas même l'intolérance, le racisme. J'ai fait de Mugisha un homme puissant. Jean-Baptiste a de la chance d'avoir Mugisha dans sa vie. Il faut aider la chance, la construire, la prendre, la saisir. Aujourd'hui, je veux aider les autres à provoquer leur chance, s'en emparer. Je suis devenu ce qu'on appelle un influenceur. Mon image, mon parcours, mes hauts et mes bas inspirent une communauté qui grandit de jour en jour, pour le meilleur. Je suis devenu ambassadeur de la vie. Est-ce un métier ? Je n'en ai aucune idée. Et si je l'inventais !

Remerciements

Je tiens à remercier :

Monsieur Joël Beline, l'homme qui m'a conseillé de faire de l'athlétisme ;

Benoît Constant, mon tout premier coach, qui m'a fait remporter mes premières médailles ;

Gautier Simounet, l'homme qui m'a fait gagner les quatre titres mondiaux des moins de vingt-trois ans et qui depuis est devenu la famille ;

Arnaud Assoumani et Trésor Makunda, mes mentors en termes de gestion de carrière ;

Samir Aït Saïd, mon équilibre à mon arrivée à l'Insep, et devenu à jamais la famille ;

Artifiel et société Orfael, mes hommes de l'ombre, pour m'avoir fait courir et marcher ;

Thomas Jodar, mon confident ;

Lydie Lacroix, la femme qui a récupéré mon corps brisé par mon accident de moto en 2015 ;

Aviva, Épargne actuelle et Adidas, mes *best* sponsors ;

Robert Alaize, Danielle Alaize et Julien Alaize, ma famille qui a fait de moi celui que je suis aujourd'hui ;

James Nail et Nawel Medjellekh, la *team* qui a changé ma vie ;

Les éditions Michel Lafon, la *best* maison d'édition qui m'a permis de raconter mon histoire, Elsa et Michel Lafon, Maïté Ferracci, et l'écrivain Adeline Fleury ;

Ladji Doucouré, l'homme qui m'a permis de réaliser mon rêve : m'entraîner avec lui aux États-Unis ;

Louis Piquemil et Sébastien Botella, ma super équipe photo et vidéo, eux aussi sont la famille aujourd'hui ;

Markus Rehm, mon concurrent et néanmoins ami, qui a partagé avec moi ses secrets sur la fabrication des prothèses et pour sauter plus loin.

Cet ouvrage a été composé par
PCA, 44400 Rezé

Imprimé en France par
CPI Brodard & Taupin
en août 2021

Dépôt légal : août 2021
N° d'impression : 3044456
ISBN : 978-2-7499-4730-3
LAF : 3108